O que eu nunca disse antes

FEDERICO DE ROSA

O que eu nunca disse antes

Eu, meu autismo e no que acredito

Paulinas

Dados Internacionais de Catalogação na Publicação (CIP)
(Câmara Brasileira do Livro, SP, Brasil)

De Rosa, Federico
O que eu nunca disse antes : eu, meu autismo e no que acredito
/ Federico De Rosa ; tradução Cacilda Rainho Ferrante. – São Paulo :
Paulinas, 2016. – (Coleção superação)

Título original: Quello che non ho mai detto :
io, il mio autismo e ciò in cui credo
ISBN 978-85-356-4130-1

1. Autistas 2. Autismo - Diário e memória 3. De Rosa, Federico,
1993- 4. Superação I. Título.

16-01699   CDD-616.858820092

Índice para catálogo sistemático:
1. Autistas : Biografia   616.858820092

Título original da obra: *Quello che non ho mai detto. Io, il mio autismo e o ciò in cui credo.*
© 2014, Edizioni San Paolo s.r.l.
Piazza Soncino 5 - 20092 Cinisello Balsamo (Milano) – Italia
www.edizionisanpaolo.it

1ª edição – 2016
1ª reimpressão – 2024

Direção-geral:	*Bernadete Boff*
Editora responsável:	*Andréia Schweitzer*
Tradução:	*Cacilda Rainho Ferrante*
Copidesque:	*Simone Rezende*
Coordenação de revisão:	*Marina Mendonça*
Revisão:	*Ana Cecilia Mari*
Gerente de produção:	*Felício Calegaro Neto*
Projeto gráfico:	*Manuel Rebelato Miramontes*
Capa e diagramação:	*Jéssica Diniz Souza*
Imagem de capa:	© *EvgeniiAnd - Fotolia.com*

*Nenhuma parte desta obra poderá ser reproduzida ou transmitida
por qualquer forma e/ou quaisquer meios (eletrônico ou mecânico,
incluindo fotocópia e gravação) ou arquivada em qualquer sistema ou
banco de dados sem permissão escrita da Editora. Direitos reservados.*

Cadastre-se e receba nossas informações
paulinas.com.br
Telemarketing e SAC: 0800-7010081

Paulinas
Rua Dona Inácia Uchoa, 62
04110-020 – São Paulo – SP (Brasil)
📞 (11) 2125-3500
✉ editora@paulinas.com.br

© Pia Sociedade Filhas de São Paulo – São Paulo, 2016

Sumário

Introdução 7

Eu, hoje 11

Inacessível 22

O empecilho 31

Um longo treinamento 40

Normalidade 46

Autismos 53

Uma reviravolta 59

A conexão entre nós 67

Deus 75

Brincadeira 83

Sentir no coração 86

Escola de escola 95

A escuridão 102

Por quê? 109

Posfácio 111

Pequenos passos: como Federico aprendeu a escrever 115

Apêndice 141

Pobreza 143

A Eucaristia 143

A Semana Santa 144

As religiões 144

Meu relacionamento com Deus 145

O filho pródigo 145

Ser cristão 146

Eu aos vinte e cinco anos 146

Fé e amizade 147

A esperança 148

A natureza de Deus 148

O meu profeta pessoal 149

Vamos desenhar o Reino de Deus 149

A Lei 150

A refeição dos desejos 151

As palavras do Credo 151

Estar à luz de Jesus 152

O meu silêncio 153

Em Bose 153

Viver com sabedoria 160

A dor do ser humano em duas frases de Jesus crucificado 164

Maria, a mãe dos seres humanos, nós, filhos de Maria 170

A Igreja em poucas palavras 178

Agradecimentos 179

Introdução

Muita gente pensa que falar é se comunicar e que o ser humano é naturalmente levado a fazê-lo porque é capaz e necessita falar e escutar. Desse dogma da sociedade nasce um mundo de tagarelice em que é importante que sempre haja alguém falando, mesmo que seja uma TV ligada a que ninguém escuta de verdade, como se o silêncio fosse um símbolo de morte que se deva exorcizar a qualquer custo.

Eu penso diferente.

Acho que, por razões biológicas, nós humanos nascemos muito egocêntricos e concentrados em nossas necessidades materiais primárias, depois nas secundárias e, enfim, nas imateriais. Um ser humano egocêntrico pode falar o quanto quiser, mas jamais criará relacionamentos verdadeiros porque os outros serão para ele elementos acessórios do seu "eu". Espera-se alcançar a felicidade apenas com a satisfação das próprias necessidades. Os outros são espelhos, um cortejo, quando não meros instrumentos.

Felizmente muitos seres humanos se elevam dessa condição e iniciam um caminho em que o próprio "eu" perde a centralidade. Começam a acreditar que somente a plenitude dos relacionamentos poderá torná-los felizes. Procuram relacionar-se também com os contatos mais "periféricos", até mesmo com o cobrador do ônibus com o qual partilham alguns instantes do dia. Passam despercebidos, sem ostentação. São os luminosos sacerdotes da maravilhosa palavra "juntos", felizes de poderem reduzir o espaço de satisfação do próprio "eu" e abrir as portas para a nova dimensão da felicidade do "nós".

O que estou querendo dizer com isso? Se você é egocêntrico, ou até mesmo egoísta, pode falar o quanto quiser, mas no fim das contas só estará produzindo poluição sonora. Acha que projetar, ou até mesmo impor seu "eu" aos outros, seja se comunicar de verdade?

Se, porém, você acha que uma relação aberta a todos possa fazê-lo feliz nas muitas dimensões do "nós" que a vida proporciona, então, sim, o falar é se comunicar, ou seja, faz crescer com o outro a dimensão do estar juntos. E quando o "nós" cresce um pouco, em alguns momentos é possível se comunicar até sem falar, fazendo alguma coisa em conjunto e vivendo juntos as sensações que surgirem.

Entre os mais belos momentos de comunicação de que me lembro estão os passeios de barco com meu tio Lúcio, todos em silêncio enquanto o barco deslizava sobre a água envolto pela luz do sol. O silêncio ensina a sentir o coração do outro, a perceber na imagem do corpo e do semblante do outro quais são as emoções verdadeiramente compartilhadas. Pode-se chegar, em momentos de extrema sintonia, a ser quase um só coração. Então, falar se torna desnecessário.

Acho que o mundo tem uma imensa necessidade de silêncio, tanto individualmente quanto nas relações, para aprender a sentir as coisas com o coração. Entretanto, tenta-se exorcizar essa necessidade fazendo ainda mais barulho.

Eu não sei falar, mas vocês são capazes de cultivar relações mesmo estando em silêncio?

Eu, hoje

Meu nome é Federico, nasci em 1993 e, enquanto escrevo estas linhas, estou completando 20 anos de idade. Moro em Roma com meu pai Oreste, minha mãe Paola e meus irmãos gêmeos mais velhos, Leonardo e Arianna. Somos uma família normal, talvez um pouco mais numerosa do que a média. Ou melhor, seríamos, se não tivéssemos sido atingidos e transformados por uma experiência terrível e ao mesmo tempo maravilhosa, a do meu autismo.

Terei muito tempo para escrever, para apresentar esta dimensão humana tão obscura, muitas vezes incompreensível, às vezes inquietante. Para compreendê-la vai ser preciso examinar a *relação*, uma dimensão aparentemente tão disponível para quem sabe falar e intuir o que os outros dizem, o significado do que fazem ou de porquê o fazem.

Para nós, autistas, a relação com os outros seres humanos é muitíssimo rara e preciosa. Vivemos num deserto de relacionamentos e cada gota de verdadeiro contato humano é muito especial.

Vocês têm nas mãos a minha história, a de um rapaz com grandes limitações decorrentes de um autismo severo, que sofreu, lutou e sonhou muito em chegar até aqui, mas gostaria que este meu livro fosse também um percurso de construção de uma relação, talvez de uma amizade. A minha proposta sincera é a de construir um relacionamento entre nós. Vou falar muito de mim, talvez conheça pessoalmente somente alguns de vocês, mas podem acreditar: a relação entre mim e vocês, leitoras e leitores, será verdadeiramente preciosa, se o quisermos.

Talvez vocês já tenham entendido uma primeira característica do meu autismo: sou totalmente incapaz de dialogar superficialmente sobre as coisas que levam vocês, não autistas, a relaxar ou a defender-se para não serem tocados profundamente. A minha forma de comunicação tende sempre à profundidade máxima. Não porque eu prefira assim, mas porque de outra forma não encontro palavras em minha mente.

Quero dar uma ideia de mim que os acompanhe durante a leitura. Tenho um metro e oitenta e cinco de altura, ombros largos e um tórax imponente. No rosto, porém, conservo algo de infantil que me permite ser muito grande sem parecer ameaçador. Meu pai tem razão quando diz que pareço um filhote gigante de cachorro, um daqueles dóceis personagens dos desenhos animados que, por causa de um feitiço, foram dotados de um corpo enorme que contrasta com a delicadeza do coração.

Quando pequeno eu era loiríssimo, mas hoje tenho cabelos castanhos-claros, um pouco cacheados e, portanto, não exatamente lisos. Gosto de usá-los num comprimento médio, às vezes de lado e outras jogados para trás, com uma risca no meio. Tenho olhos azuis, nariz e boca pequenos e, para não me descrever bonito demais, vou concluir dizendo que tenho uma discreta "barriguinha" porque gosto muito de comer. Nesse quesito, não há diferenças entre autistas e não autistas: quase todos apreciamos uma boa mesa.

Moro em Roma, num bairro bem afastado do centro, mas agradável. Vivemos numa casa bem grande e eu tenho um quarto só meu. No momento estou sentado à escrivaninha para lhes escrever, tendo a cama à minha esquerda e o guarda-roupa à minha direita. Digito usando só o indicador da mão direita e, por isso, muito devagar. Melhor do que isso eu não consigo, mas, quando se escreve muito lentamente, tem-se a vantagem de poder refletir bem sobre o que se está escrevendo.

Em julho passado concluí os estudos, com o diploma da Escola Secundária de Segundo Grau na área de ciências,[1] e agora minha única ocupação é escrever este livro, uma situação que seria invejável, mas, infelizmente, ser autista num mundo de não autistas não é exatamente um mar de rosas.

No mundo do autismo, os não autistas são chamados de neurotípicos ou, abreviadamente, "típicos", já que representam a tipologia do funcionamento cerebral predominante, enquanto nós autistas somos uma minoria. Portanto, de agora em diante, falarei em neurotípicos ou típicos para me referir aos que não são autistas.

Voltando ao tema de meus estudos, muitos amigos e conhecidos me perguntaram por que eu não quis prosseguir, matriculando-me em uma faculdade. Na verdade eu era bom aluno na escola e, em alguns anos, tirei mais de 7,5 de média. Eu me divertia muito com

---

[1] O sistema de ensino da Itália é similar ao do Brasil: a Pré-Escola (que corresponde à Educação Infantil) destina-se a crianças até os 5 anos de idade; a Escola Primária (Ensino Fundamental I) compreende 5 séries, destinadas a crianças de 6 a 11 anos; a Escola Secundária de Primeiro Grau (Ensino Fundamental II) compreende 3 séries, destinadas a alunos de 11 a 14 anos; a duração da Escola Secundária de Segundo Grau (Ensino Médio) varia de três a cinco anos – os cursos trienais não admitem o acesso às universidades e os quadrienais da área artística somente para as faculdades de arquitetura; no final de um curso com duração de quatro ou cinco anos, o aluno é avaliado através de um exame conhecido como "Maturità" (uma espécie de prova do Enem obrigatória com valor de vestibular, composta por uma parte escrita e uma oral). (N.T.)

latim e química, na qual cheguei a tirar 9. Boa parte do conteúdo eu entendia com relativa facilidade e lembrava mais facilmente ainda graças à minha mente autista; mas, do ponto de vista conjuntural e de organização de espaços, tempos e métodos, sempre achei patético o contexto escolar. Acho que frequentar uma escola com forte orgulho neurotípico limitou um pouco o meu rendimento, ainda que, felizmente, tenha tido colegas e alguns professores realmente maravilhosos.

Além disso, o modo neurotípico de organizar o conhecimento não me entusiasma, embora esteja feliz de ter seguido até o fim da Escola Secundária, pois reconheço que a cultura amplia muito as possibilidades da mente.

Estou estudando percussão, pratico um pouco de esporte, relaxo assistindo a filmes na TV e, sobretudo, passo o tempo em uma aparente ociosidade. Passo boa parte do dia com minha família – a quem vou apresentar de um modo mais original, em ordem de entusiasmo existencial.

A pessoa mais entusiasmada da minha família é, sem dúvida, minha irmã Arianna. Ela é uma jovem de quase 22 anos de idade, muito bonita, de quem me orgulho muito. Tem pouco mais do que um metro e setenta de altura, um corpo realmente harmonioso e longilíneo, cabelos castanhos compridos e um pouco ondulados. Terminou a Escola Secundária de Segundo Grau em humanidades e agora está no terceiro ano da faculdade de Psicologia. Eu gostaria que depois de formada ela quisesse trabalhar com os autistas, também porque acho que poderia ajudá-la um pouco, mas parece que se sente mais atraída pela perspectiva de ser psicoterapeuta.

Arianna não consegue se limitar a estudar, porque isso exigiria que de vez em quando ficasse quieta, sem fazer nada, refletindo, repousando – as únicas coisas das quais acho que minha irmã tem um medo enorme. Além de estudar, trabalha meio período, participa de várias atividades, tem um monte de amigos e nunca se sabe a que hora do dia ou da noite vai passar ocasionalmente em casa para paradas técnicas, como dormir ou tomar um banho. É muito terna, afetuosa, perspicaz, organizadíssima, incontrolável. É o tanque de guerra mais carinhoso que conheço. É a minha irmãzinha adorada. Claro que se me envolvesse um pouco mais em sua vida eu ficaria feliz, mas acho que isso ainda vai acontecer, quando ela for mais velha.

Descendo na escala de entusiasmo, encontramos minha mãe Paola, desde sempre uma guerreira feroz contra todos os problemas relacionados ao meu autismo, dificuldades sistematicamente reduzidas a pedacinhos por sua determinação. Faz vinte anos que se esforça e luta para me ajudar. Sai de casa quando ainda está escuro, trabalha numa empresa, faz compras para todo mundo e ainda acha tempo para cozinhar a comida gostosa, que é um dos motivos da minha barriguinha. Todos aqui em casa são obrigados a acreditar que tem um metro e sessenta e cinco de altura, mas, se a medíssemos, veríamos que não passa de um metro e sessenta e dois. Se por acaso vierem nos visitar, não toquem nesse assunto. Se perguntados, finjam acreditar cegamente na ortodoxia do um metro e sessenta e cinco.

Brincadeiras à parte, gosto muito de minha mãe. Claro que seria bom se tivesse um caráter um pouco menos reativo e se fosse um pouco mais calma. Mas sabemos que na vida estamos todos a caminho.

Em seguida temos meu pai, Oreste, que eu não classificaria como impetuoso, mas muito ativo. Alto, com cabelos crespos, levanta-se muito cedo de manhã porque não gosta de começar o dia sem cuidar de sua interioridade através da meditação. Depois se veste como um perfeito executivo e atravessa a cidade para ir trabalhar como diretor de uma empresa de informática. Não contente de ser meio santo e meio executivo, toca *blues* antigos no violão ou no banjo de cinco cordas e tem uma banda de garagem de música americana tradicional. Também é apaixonado por estratégia militar e jogos de guerra. Resumindo, não é um pai convencional, mas também encontra bastante tempo para me ajudar e apoiar em muitas de minhas atividades que eu não conseguiria realizar sozinho e nas quais ele se revela um sublime organizador e um grande amigo, capaz de se tornar um criança se as circunstâncias o permitirem.

Com certeza seria melhor que fosse menos sensível e deixasse a vida fluir, já que nem todos os problemas podem ser resolvidos, muito menos de uma hora para outra. Ele entra em crise quando só se pode esperar e ter confiança.

Em total marasmo temos meu irmão Leonardo, um autêntico bicho-preguiça, capaz de passar horas diante do computador, totalmente imóvel, mais parado e inerte do que um camaleão mimetizado. É gerenciado do Facebook, como se fosse um aplicativo: se a rede social toma o controle do periférico Leonardo, bloqueia os outros dispositivos e qualquer diálogo com ele se torna impossível. Todavia, na vida real, é um especialista em temperos e, quando é ele quem cozinha, as refeições são magistrais, indescritíveis. Além disso, é o que mais brinca comigo, desde que éramos pequenos. Sonzinhos engraçados, cócegas e um vocabulário só nosso fazem parte do jeito de viver a alegria do nosso relacionamento. Leonardo é torcedor fanático do Roma e, quando o time faz um gol, emite berros selvagens que fariam inveja a uma horda de bárbaros. Seria melhor se fosse menos instintivo nos relacionamentos familiares. Eu ponho muita fé em meu irmão Leonardo porque o considero um diamante em estado bruto e já vislumbro como será quando a vida se incumbir de livrá-lo das bobagens adolescentes de sua personalidade: com sua sensibilidade infinita, quando se tornar totalmente dono de si mesmo, vai brilhar com uma luz rara e naturalmente será uma pessoa bem-sucedida.

Depois vem a família ampliada, com o mítico tio Lúcio, um neurotípico quase autista, que fala pouquíssimo e, como eu, vive numa ansiedade recorrente. Ele se alivia mantendo-se ativo. Monta e desmonta seu barco num incontrolável moto contínuo; no entanto, passar um dia no barco com ele é uma das experiências mais maravilhosas da vida.

A mulher dele, a tia Lia, me ajudou muitíssimo com os estudos. Ela tem um espírito prático, um amor muito real e a forma como organizou sua casa de praia, onde me recebe sempre com prazer, transparece em cada canto com conforto e beleza.

Temos, depois, a dulcíssima tia Anna, o robustíssimo tio Bruno, o magérrimo tio Fabrizio e tia Giulia, aos quais se juntam os numerosos e indomáveis primos. Em resumo, uma bela turma de tagarelas neurotípicos com os quais, nos meus primeiros anos de vida, não troquei nenhuma palavra. Tentei descrevê-los com afeto e percebo que posso ter dado a impressão de ser uma família ideal. Na verdade há também muito sofrimento, como uma semente que escondida sob a terra apodrece e morre para tornar visível somente uma bela planta e, talvez, frutos.

Também posso dizer que tenho muitos amigos porque quanto a isso os meus pais sempre me ajudaram muito. Com meus colegas da escola secundária vivi anos maravilhosos. Sempre me senti compreendido e aceito por eles, de uma forma mais profunda e imediata do que acontecia com os adultos. Minha casa ainda é o lugar onde de vez em quando nos encontramos. Anos atrás, meu pai organizou uma viagem de férias nas montanhas com alguns deles, com passeios pelos bosques, jantares junto da lareira, partidas de War e muita música.

Também frequento o Grupo de Jovens da minha paróquia, onde passei noites sem-fim discutindo os principais temas da vida humana, eles falando e eu escrevendo no meu computador.

Enfim, não poderia esquecer-me dos amigos da residência universitária de Villa Nazareth, que de vez em quando me convidam para comer uma pizza ou simplesmente para ficarmos juntos.

Cada um desses grupos, que aqui são apenas citados, mereceria um livro por tudo que fizeram por mim.

Eis, então, quem eu sou hoje. Acho que agora vocês têm uma ideia geral da minha vida. Creio que poderemos começar a adentrar juntos na minha história.

Inacessível

Minha vida de autista sempre foi acompanhada pela solidão. Agora que tenho vinte anos ela assume a conotação doce e agradável de um tempo lentamente transcorrido, que naturalmente se abre à reflexão. Sei que para vocês, neurotípicos, isso pode parecer estranho num rapaz de 20 anos, mas para nós, autistas, as etapas do desenvolvimento da personalidade seguem lógicas e tempos diferentes. Gosto muito de ficar sozinho para refletir, mas também gosto de desenhos animados na TV, coisa que vocês, neurotípicos, gostam apenas quando são crianças. Entre mim e vocês as etapas da vida e as tendências de cada idade são diferentes, mas isso não é um problema; a diversidade em si é um valor, é riqueza e variedade da nossa humanidade comum.

Em meus momentos de solidão penso, e então elaboro o conteúdo do meu livro, mas não foi sempre assim. Agora minha vida achou seu rumo, tenho muitos amigos, mesmo que os veja com menor frequência em comparação com os meus coetâneos neurotípicos. Não sinto a sedução de pertencer a um grupo e aposto mais na qualidade do que na quantidade do tempo que passamos juntos.

Quando pequeno, ao contrário, não possuía os meios para entender a convivência nem a partilha com meus amigos. Lembro-me de quando, na pré-escola, minha turma saía para o jardim e meus colegas se dedicavam a várias brincadeiras. Eu sempre ficava distante, com minha professora de apoio.

Eu percebia que estavam desenvolvendo uma atividade juntos, coordenando-se em alguma coisa que a meus olhos parecia semelhante a um rito tribal, mas divertido e capaz de consolidar o espírito de grupo. Infelizmente, eu não dispunha de nenhuma estratégia para favorecer minha participação ou para somente me aproximar e atuar como espectador. O mundo dos neurotípicos me parecia inacessível.

De vez em quando, emergiam perguntas na minha solidão. Por que logo eu? Por que só eu, dentre tantas crianças que conhecia, era afetado por essa terrível e extrema diferença? O fato de não existir outro autista como eu, no mundo que frequentava, multiplicava minha solidão. Eu me sentia extremamente só e único.

Pouco a pouco, do fundo do coração, começou a emergir uma forte angústia: eu não possuía nenhum meio de desbloquear essa situação e ninguém ao meu redor parecia ser capaz de fazer alguma coisa a não ser me acudir no meu triste isolamento.

A própria angústia ficava presa dentro de mim porque não eu tinha meios para comunicá-la. Lembro-me de que quando essa angústia chegava ao auge, eu abria uma gaveta na cozinha, pegava as colheres, corria para a sala e as jogava no chão. O barulho do metal das colheres no mármore do piso era forte, desarticulado, sinistro, inquietante. Eu tinha encontrado um som, ou talvez, em nível ainda mais baixo, um ruído, que exprimia e comunicava a minha angústia como uma palavra. Porém, tinham que ser colheres porque os garfos caindo fazem um ruído mais delicado e as facas, mais abafado, fechado, menos expressivo. O piso, além disso, tinha que ser de peças grandes, de pedra, e não de ladrilhos pequenos ou, pior ainda, de madeira.

Eu havia cunhado, assim, uma linguagem minha, que tinha apenas um som, as colheres no piso de mármore, e ele correspondia à palavra "angústia". Ao repetir esse ruído durante horas, eu via essa angústia surgir no semblante de minha família. A linguagem que eu havia inventado funcionava, comunicava, mesmo sendo uma linguagem doentia, deformada e capaz de transmitir uma só emoção dolorosa e opressora.

Ninguém me dizia nada em casa e acho que eles aceitavam essa minha manifestação enervante por entenderem que era a minha única maneira de pôr para fora alguma coisa. Às vezes, quem nos vê atualmente, diz que é bonito o relacionamento entre as pessoas da nossa família. Talvez seja justamente porque passamos juntos pela angústia que eu ecoava, não por um dia, mas durante um longo período. Felizmente a minha solidão era interrompida com frequência regular pelas muitas atividades diárias como comer, dormir, ir à escola, tomar banho, vestir-me. Nas provações da vida, ter alguma coisa para fazer é um alívio, porque nos obriga por um instante a nos esquecermos de nós mesmos.

Até mesmo os desenhos animados eram um santo remédio para a minha solidão. Quando eu era bem pequeno, eu apenas os assistia, depois comecei a usá-los como ambientação para dançar e cantar junto com os personagens. Nunca entendi por que vocês neurotípicos não gostam disso. É tão divertido! Experimentem, por exemplo, juntar-se ao elefante do *Mogli, o menino lobo* e marchem pela sala cantando com convicção: "Esse nosso batalhão é uma instituição, é um batalhão que tem tradição, é uma instituição, é uma instituição". Não é lindo? Para as mães, enquanto cozinham, sugiro um belo "Higitus figitus na minha mão, prestigidigitação!" do mago Merlin, em *A espada era a lei*. Afinal, as mães não fazem magia na cozinha? Misturam na panela um monte de coisas quase sem sabor e dos vapores fazem surgir pratos deliciosos. No entanto, nessas coisas é preciso colocar a alma; qualquer relutância ou um toque de hesitação tiram a alegria de apreciar essa sublime leveza da vida.

Uma coisa determinante para desbloquear a minha condição de solidão – além, naturalmente, do amor real de muitas pessoas que permaneceram ao meu lado e me ajudaram – foi encarar o problema em graus. Essa é uma abordagem muito eficaz que aconselho vivamente a todos que trabalham com pessoas com dificuldades.

Eu me sentia esmagado pelo peso imenso das gigantescas limitações do autismo, o que gerava em mim solidão e angústia, porque eu via e considerava este problema do meu autismo em sua totalidade, em sua globalidade, e desse ponto de vista ele não podia ser resolvido, não existia uma varinha mágica capaz de me curar e me tornar igual a vocês.

Lembro-me, porém, da primeira vez em que consegui jogar no computador com o Valerio, meu amigo da escola. Finalmente não tínhamos apenas estado na mesma sala, mas tínhamos conseguido jogar juntos. Não sei se essa novidade aconteceu porque eu estava crescendo e as minhas capacidades estavam se articulando ou se pela primeira vez eu havia conseguido descobrir um modo de fazê-lo como nunca antes. Talvez tenha sido somente um acaso. O inegável é que eu sempre tinha jogado sozinho no computador e, naquele dia, eu tinha conseguido jogar com um amigo. E mais: eu tinha a nítida sensação de que esta pequena conquista também me dava uma ideia de como repeti-la, a convicção de que se tentasse de novo, certamente numa outra ocasião eu conseguiria novamente e, com a prática, repetiria a experiência com mais frequência e de um jeito ainda melhor.

Foi meu pai quem introduziu em mim esse poderoso "fermento" de encarar o problema de maneira gradual. Diante do meu sofrimento devido à globalidade do autismo que me oprimia, ele chamou minha atenção sobre aquele único elemento: pela primeira vez eu tinha conseguido fazer uma coisa que considerava impossível: jogar no computador com Valerio. Ali, naquele instante, fugaz, porém autêntico, verdadeiro, o autismo tinha perdido e eu tinha vencido. Não era a minha primeira pequena vitória, mas foi provavelmente a primeira da qual eu tive consciência. Algo significativo e novo tinha acontecido dentro de mim.

Meus pais foram muito corajosos ao me proporem muitas atividades inéditas, interessantes para um rapaz da minha idade e ao mesmo tempo a meu alcance. Pude experimentar jogar boliche com papai e tocar percussão com mamãe, ir à academia de ginástica com Alfredo e ao acampamento de verão com Paolo e Matteo, além de muitas outras situações e atividades que jamais tinha vivenciado antes. Claro que foi necessário um grande esforço de minha parte para enfrentar todos esses novos compromissos e não faltaram dificuldades, mas cada sucesso, mesmo que pequeno ou parcial, consolidava em mim uma visão nova, ou seja, a ideia de que os espaços da vida normal estivessem sendo conquistados dia a dia, fragmentando o enorme problema do autismo em muitos pequenos problemas cotidianos a serem enfrentados, um de cada vez. Se você assenta um tijolo, depois outro e não para mais, um dia perceberá que construiu uma imensa e maravilhosa catedral onde antes não havia nada.

Portanto, se você convive com pessoas marcadas no corpo ou na mente por fortes limitações e que parecem bloqueadas por uma profunda angústia, eu o aconselho a superar o sentimento de impotência que tal condição pode facilmente criar e inventar para essa pessoa muitas situações novas, mesmo de surpresa, das quais possa dizer que nunca as tinha vivido e que se saiu bem.

Nenhum indivíduo pode ser ajudado a gerenciar uma limitação sem antes ser incentivado a ativar energias positivas, produtivas, construtivas dentro de si mesmo. Devemos ajudar quem está em dificuldades, mas também induzi-lo progressivamente a se ajudar. Nisto é importante ter presente que a passagem da ideia de um grande problema insolúvel e bloqueador da própria existência para a positividade de uma abordagem gradual de um dia depois do outro é uma revolução copernicana existencial, uma ruptura de uma visão de mundo: exige de quem deseja induzi-la não somente lucidez de estratégia e esforço constante, mas também muito tempo, diria anos. Portanto, se você levar um autista para tomar um sorvete e depois o vir triste como antes, aconselho a não se desesperar, mas perseverar.

Claro que tudo que foi dito sobre encarar o problema de maneira gradual não diz respeito somente a nós, pobres pessoas com deficiência. Experimentem pensar dessa forma em relação a si mesmos. Existem problemas na vida que parecem bloqueados ou bloqueadores e que vocês poderiam, ao contrário, dinamizar mediante uma visão mais gradual e de real esforço diário? Existem problemas que talvez vocês já estejam resolvendo, mas não se permitem perceber porque o próprio sofrimento faz desse problema um muro intocável, o muro das lamentações, que obstrui o caminho da sua vida?

Todos nós temos alguma limitação, alguma fragilidade, sem a qual não seríamos humanos, porque a humanidade, creio, é exatamente a luta cotidiana que empreendemos para fazer florescer a alegria em nossa vida, não obstante tais limitações.

E nisso, entre nós autistas e vocês neurotípicos, não existe realmente nenhuma diferença.

O empecilho

Meus pais me contaram que nos primeiros meses de vida eu era um menino particularmente belo, robusto, loiríssimo, com olhos azuis e feições doces e harmoniosas.

Quando tinha cerca de um ano de idade, porém, papai e mamãe perceberam que minha capacidade de interação com a realidade, em vez de aumentar, como é normal no processo do crescimento, diminuía sensivelmente e de forma progressiva.

Eu não era mais capaz de interceptar um olhar, de demonstrar interesse por aquilo que acontecia ao meu redor. Se alguém se dirigia a mim, mesmo colocando-se diante de meus olhos, não conseguia provocar nenhuma reação em meu rosto.

Meus pais foram muito corajosos porque, em vez de minimizar os sintomas, como muitos fazem em autodefesa, perdendo assim um tempo preciosíssimo em âmbito clínico, levaram-me logo a diversos pediatras e a um neuropsiquiatra. Passei por vários exames, repetidos ao longo do tempo, mas eu era tão novinho que não era fácil entender qual era o meu problema.

Como muitos autistas, tenho uma memória muito viva e profunda, que remonta aos meus primeiros anos de vida com percepções sensoriais puras e emocionais do que passei. Sempre achei essas primeiríssimas lembranças de minha vida muito coerentes com a narração da minha história, feita tantas vezes por mamãe e papai aos amigos e parentes. Aliás, quando falavam a meu respeito, ajudavam-me a entender o significado daquelas percepções e emoções que tinham permanecido incrustadas na minha memória sem serem compreendidas.

É um elemento particularmente importante do meu autismo desde criança e que permanece ainda hoje, embora menos invasivo. Como já disse, eu não entendia nada das situações que vivia. Para mim, todas as situações da vida eram incompreensíveis, até mesmo as mais comuns, cotidianas, repetitivas. O mesmo acontecia com as minhas percepções. Se, por exemplo, registrava a sensação de calor, não entendia que era consequência de ter entrado com cachecol e casaco num local aquecido.

Esta capacidade de compreender o sentido daquilo que se está vivendo não é uma operação mental banal porque pressupõe, na velocidade do tempo real, identificar as percepções importantes para a compreensão do contexto, relacioná-las da maneira certa e descartar todas as outras. Tudo isso quase sem nunca parar para refletir e renovando a operação continuamente.

Para vocês, neurotípicos, parecerá normal; para mim, não.

Isso para não falar dos contextos em que também existem pessoas que tentam relacionar-se comigo: além da compreensão da situação, é preciso acrescentar a relacional, distinta, mas interligada com a anterior.

Quando eu era pequeno as pessoas se admiravam de que eu não gostasse das situações em que havia muitas crianças. As percepções sensoriais eram tão intensas que se tornavam dolorosas, e eu era dominado por uma cascata de estímulos desordenados. Entender alguma coisa seria como montar um quebra-cabeça de mil peças enquanto se está subindo e descendo numa montanha-russa.

Entendo muito bem que eu, autista, pareça estranho para vocês; mas vocês, neurotípicos, para mim são perturbadoramente complicados.

Os exames prosseguiram no serviço de neuropsiquiatria do serviço público de saúde da minha região. Eu tinha cerca de três anos quando me enviaram para o departamento de Neuropsiquiatria Infantil da Policlínica Umberto I de Roma, um dos centros de excelência para crianças com distúrbios de comunicação ou relacionamentos.

Como foi reconhecido pelos médicos, e eu confirmo, eu não tinha "um distúrbio", era simples e totalmente incapaz de me comunicar. Diagnóstico: uma das formas mais graves do Transtorno Global do Desenvolvimento, uma desordem gravíssima relacionada às amplas e variadas Desordens do Espectro Autista.

Desses três anos me lembro de algumas imagens. Mamãe me vestia de manhã, papai me prendia na cadeirinha no carro e me levava à Neuropsiquiatria Infantil, onde eu frequentava pela manhã uma espécie de pré-escola, na qual os funcionários eram médicos ou terapeutas e as atividades ou jogos desenvolvidos muitas vezes tinham interesse diagnóstico ou terapêutico.

Lembro-me de ter conhecido ali algumas médicas que mais tarde se tornaram muito importantes na minha vida. A primeira é Lucilla, alta, com longas madeixas de cabelos negros e uma abordagem inicialmente muito séria e profissional, mas de quem, com o passar do tempo, irrompia uma humanidade profunda e afetuosa. Prossegui com ela as atividades de terapia individual depois de concluídas as atividades da manhã. E em seu consultório me lembro de ter extravasado muita raiva. A realidade transcorria diante dos meus olhos como um filme quase sempre incompreensível. Os atores desse filme emitiam na minha direção sons nos quais eu raramente podia identificar uma palavra e associar-lhes um significado.

No sentido inverso, a situação era ainda mais dramática, porque eu não encontrava nenhum modo de fazer os outros ao menos perceberem o que eu sentia, pensava, desejava. Só podia esperar que eles intuíssem as minhas necessidades e desejos e, autonomamente, os realizassem.

Eu sentia muita angústia, uma raiva imensa, frequentemente era dominado por uma ansiedade que não conseguia comunicar. Ao meu redor eu via as faces se deformando, mas somente muito mais tarde fui capaz de identificar um sorriso ou uma expressão de decepção (ainda hoje, para fazer isso, tenho que me concentrar). Quantos automatismos mentais vocês possuem que faltam a mim! No consultório da doutora Lucilla devo ter me liberado de muitas emoções negativas, descarregando-as sobre os ombros dela e de minha mãe, e sou-lhes muito grato por isso.

Meus pais sempre se lembram de uma sessão em que me puseram para brincar com bonequinhos: era uma família como a minha, dois adultos e três crianças. Eu não suportava olhar o terceiro menino. Eu o agarrava e o jogava longe com força. Então, a médica o pegava e recolocava em seu lugar. Essa cena se repetiu muitas vezes, numa angústia crescente, até que o sofrimento me fez encontrar uma frase completa saindo da minha mente: "Teria sido mesmo uma bela família".

Era esse o meu estado de ânimo. Eu queria não só desaparecer, mas também apagar toda a minha lembrança e história para restituir aos meus quatro familiares uma existência serena, que mereciam porque eram pessoas boníssimas e eu havia destruído para sempre com a minha monstruosa incapacidade de compreender e me explicar.

A outra médica que conheci é Flavia, que ainda hoje me acompanha como uma espécie de coordenadora-geral de todas as várias atividades, médicas ou não, que visam me ajudar a viver uma vida o mais satisfatória possível. Flavia era e é uma mulher pequenina, magrinha e capaz de se exprimir com doçura, mas também com uma imensa autoridade.

Papai diz que ela e eu, quando dialogamos com o meu computador portátil, é de fazer rir, porque sou muitíssimo maior que ela. Apesar dessa grande diferença física, é evidente como seja sempre a pacata autoridade de

Flavia a vencer e conduzir o discurso. E eu me sinto feliz que seja assim, porque Flavia exprime sempre aquele pedaço de verdade que me falta, como se me oferecesse a última peça que completa meu quebra-cabeça e me permite ver o quadro finalmente completo.

É claro que os anos que viveu mais do que eu não foram em vão.

Outra experiência de minha infância foi o jardim de infância, onde a funcionária Patrizia muitas vezes se dedicava exclusivamente a mim. Brincávamos juntos e o meu passatempo preferido era fragmentar, ou seja, fazer ir pelos ares os pedaços de um objeto. Atacar a organicidade de uma coisa inteira, dividindo-a em todas as suas partes, mas sempre sem a quebrar, era o meu jeito de exprimir angústia. A minha fúria não era jamais destrutiva, mas sempre e somente desarticuladora da organicidade das coisas na fragmentariedade de suas partes. Se eu jogava pelos ares um maço de cartas, o meu ímpeto tinha atingido seu objetivo e eu podia seguir em frente, deixando que as cartas fossem recolhidas, colocadas na posição correta e organizadas em maço por quem viesse depois de mim.

Se, porém, passasse de novo por aquele local, pegava de novo o maço para jogar outra vez todas as cartas pelos ares. E desse jeito, sem parar.

Pelo afeto com o qual descrevo estas minhas experiências de vida, vocês já devem ter entendido que somente uma coisa poderia superar o meu autismo: o amor das pessoas que eu percebia de modo claro e forte, mesmo que sofresse muito por não conseguir fazê-las entender que eu sabia, entendia e retribuía esse amor de forma pungente, consequência do meu cativeiro, do meu exílio no deserto do autismo.

Vou explicar melhor. Imagine que você seja totalmente incapaz de se comunicar, verbalmente ou não, e veja pessoas que por amor fazem profissão de fé que você existe, que não é um corpo vazio, que pode sentir com o coração e compreender, embora não disponham de nenhuma prova disso.

Imagine que essas pessoas continuem por anos a lhe falar, cuidar, nutrir, sem desistir de acreditar na relação com uma pessoa que não se vê, da qual só é possível perceber um corpo biologicamente vivo.

Imagine ver tudo isso e não poder fazer nada, não poder dizer "estou aqui!", não conseguir retribuir, nem mesmo com um sorriso. Sorriso, aquela deformação das feições com a qual vocês exprimem uma emoção que comove o coração, que ainda hoje sou incapaz de fazer. Sei rir muito bem, mas não sorrir, sabe-se lá por quê.

Por isso sou infinitamente grato aos meus familiares, às pessoas que citei e àquelas sobre as quais escreverei mais adiante. O amor e a perseverança deles me salvaram. Se não tivessem existido, creio que eu teria sumido, sorvido pela loucura. Anos atrás, quem enxergava a dedicação e o sacrifício deles? Pouquíssimas pessoas.

Quem se lembra hoje? Ninguém.

Eu vou me lembrar para sempre.

Um longo treinamento

Os anos da pré-escola foram terríveis. Eu era o maior desajustado que se possa imaginar naquele ambiente. Mas, finalmente, a Escola Primária teve início e fui acolhido pelo magnífico professor Ermanno. Era um homem já não muito jovem, corpulento, alto, com uma grande barriga e cabelos só nas laterais da cabeça.

Sobre Ermanno, há algo muito belo que meus pais me contaram. Papai e mamãe saíram em busca de professores e de uma escola que fossem adequados para mim. Decidiram que fariam quaisquer sacrifícios econômicos ou logísticos para me proporcionar um contexto escolar adequado às minhas exigências, mesmo que fosse muito distante de casa. A busca foi ampla e articulada e, enfim, o contexto certo e as pessoas certas, inclusive Ermanno, foram encontrados a duzentos metros de casa.

Minha mãe foi conhecê-lo para esclarecer a gravidade de meu caso e perguntou-lhe se estava disposto a se encarregar de mim. Ermanno respondeu prontamente: "Claro que sim, nossa escola é pública!".

Em minha opinião, Ermanno é um santo leigo. Não acho que creia em Deus, ou talvez o faça a seu modo não convencional. Ermanno possui certamente uma fé inabalável na escola pública e no papel insubstituível que deve exercer para as novas gerações. Coerentemente, ele dedicou a sua vida à concretização dessa fé. Embora naquele tempo eu fosse totalmente incapaz de me comunicar e muito pouco adaptado ao contexto escolar, Ermanno me acolheu, tomou pessoalmente a tarefa de me acompanhar e, sem jamais ser demasiado autoritário, ajudou cada um de meus colegas de classe a me compreender, aceitar e estabelecer um relacionamento comigo. Sob sua orientação, nunca impositiva, mas sempre voltada para que cada um encontrasse dentro si o seu jeito e o seu caminho, nós nos tornamos uma classe unida e, pela primeira vez, me vi verdadeiramente inserido num grupo de neurotípicos, sem nenhuma distinção entre eles e eu.

Dos cinco anos da Escola Primária, lembro-me das manhãs em que eu parecia ausente ou ocupado com algo, enquanto, na verdade, minha mente absorvia muitas coisas. Lembro-me dos passeios em que, com tanta ansiedade, aprendia a separar-me de minha família.

A memória também me traz as professoras Onia e Donatella, que tanto fizeram por mim, bem como as outras que permaneceram conosco por pouco tempo, mas sempre representando um papel positivo.

Naquela época tomei consciência de outras características do meu autismo.

Via que o cérebro neurotípico era capaz de fazer apenas uma coisa por vez. Eu, ao contrário, podia contar uma história a mim mesmo em voz baixa enquanto acompanhava a fala do professor. Se não entendia alguma coisa da explicação, isso dependia das minhas dificuldades com a linguagem e não de fazer duas coisas ao mesmo tempo. Era como se fosse capaz de dividir a minha mente em partes distintas e empenhá-las em atividades mentais diferentes, como escutar tanto a minha voz quanto a de outra pessoa.

Achava essa atividade divertida e, embora exigente, de algum modo era relaxante, um pouco como acontece, creio, com alguns neurotípicos que relaxam ocupando a mente com um jogo de xadrez ou resolvendo palavras cruzadas.

Ainda hoje brinco com essa aptidão quando vou a um restaurante. Baseando-me na minha audição muito sensível, tento seguir as conversas nas mesas vizinhas, ouvindo todos ao mesmo tempo. O jogo consiste em tentar reduzir ao mínimo os momentos em que perco a compreensão de alguma. É óbvio que não tenho nenhum interesse pelos conteúdos daquilo que falam e que esqueço tudo instantes depois. Descobri que esta aptidão mental poderia ser desenvolvida com a prática, mas nunca o fiz porque não vejo qual seria sua serventia na minha vida a não ser relaxar.

Outra característica do meu autismo, que me lembro de ter tomado consciência naquela época, é a grande sensibilidade tátil, que resulta tanto em um verdadeiro prazer de tocar certas coisas quanto no desagrado de tocar outras. Imagine o prazer que vocês sentem ao saborear iguarias gostosas ou o desagrado, e até mesmo a aversão, por alimentos dos quais não gostam: é o que acontece comigo quando toco materiais de consistência diversa com meus dedos. Adoro deslizar borracha macia, como a das luvas cirúrgicas, entre os dedos. Meu dentista, que é primo de minha mãe, sabe que pode fazer qualquer coisa nos meus dentes mediante a promessa de me dar um par dessas luvas. Por outro lado, acho que sou bem pouco sensível à dor física. Para mim, muito mais intensa é a dor mental diante de uma situação nova, que temo não compreender bem e que não sei como vai evoluir.

Eu compararia o prazer de tocar as luvas de borracha, em termos de intensidade, a comer uma bela bisteca, um dos meus pratos preferidos. Eu roubei todas as luvas de borracha que papai conservava perto da caixa de ferramentas, esfregando-as entre os dedos até despedaçá-las. Ele nunca me repreendeu porque gosta muito de mim.

Com relação aos anos da Escola Secundária de Primeiro Grau, não tenho muito que contar. Aquela escola me parecia muito menos adequada às minhas características. Diversas pessoas tentaram me ajudar, mas dentre todas sobressaiu Marzia, a professora auxiliar que já me havia ajudado na passagem da Pré-Escola para a Escola Primária e que também me acompanhara na passagem da Escola Primária para a Escola Secundária de Primeiro Grau. Lembro-me também de Margherita, que me ajudou a estudar em casa e, por fim, próximo ao exame final, a expressar por escrito o pouco que conseguia do muito que sabia.

Em casa eu continuava a assistir aos desenhos animados, um pouco porque gostava de correr, saltar, dançar no ritmo das suas músicas, mas também porque eu percebia que, assistindo-os sem parar, conseguia treinar a minha compreensão da linguagem falada e preencher minhas lacunas.

Quando terminei a Escola Secundária de Segundo Grau, já estava pronto para um grande salto rumo à minha integração no estranho, complicado e nem sempre acolhedor mundo dos neurotípicos.

Normalidade

Antes de seguir adiante, faço uma pausa para uma reflexão. Em termos de inclusão, nossa sociedade, que gosta de se autodefinir como "evoluída", tem ainda um grande espaço para ser melhorada. Na sociedade neurotípica na qual vivo, vejo serpentear sossegadamente diversos dramas interiores, o egocentrismo, a concentração no presente, o hedonismo. São poucas as pessoas que conseguem conceber a própria vida como um caminho. Para mim, no entanto, a única coisa importante seria refletir sobre o sentido da própria vida e do mundo e buscar continuamente os significados e valores com os quais se confrontar todos os dias para evoluir.

Quem se esforça em questionar-se, em identificar significados e valores, refinando sua compreensão diariamente, tende a integrar bem os diversos porquês de maneira natural e inconsciente, e, por viver a vida compreendendo-a como caminho, percebe imediatamente o outro como um companheiro de viagem.

Infelizmente, a maior parte das pessoas parece paralisada e, muitas vezes, agarrada a um estreito sistema de pequenas certezas como a fragmentos de madeira depois de um naufrágio. Essas pessoas projetam medos existenciais, e nós, os "diferentes", os atraímos tremendamente. Somos marginalizados juntamente com os temores que são projetados sobre nós. Não somos mais indivíduos, mas instrumentos de exclusão.

Se, pois, vocês quiserem ter um bom relacionamento com pessoas diferentes como eu, proponho que se perguntem: a minha vida é um caminho? Questiono-me de vez em quando acerca de seus significados? Descubro os que se referem a mim? Estes significados atuam no meu cotidiano como um levedo? Se pensar em como eu era há um ano, pareço ter melhorado, segundo minha pessoal e inviolável visão do que seja uma pessoa melhor?

Então vocês têm dentro de si um terreno fértil para uma boa integração.

Ou, ao contrário, estão paralisados? Vocês construíram uma pequena toca de certezas minúsculas, de prazeres pobres e sempre iguais, e a defendem como se dela dependesse seu equilíbrio, porque o mundo lá fora lhes dá um leve medo?

Temo que o diferente, quer seja autista ou de outro tipo, catalise esse medo e seja marginalizado em defesa de equilíbrios existenciais instáveis. Penso que o âmbito existencial esteja em primeiro lugar na integração ou na marginalização.

No âmbito cultural, diria que se vocês pensam ser normais e nós deficientes, então estamos num impasse. A normalidade é o conceito mais absurdo da cultura neurotípica. Quem lhes disse que vocês são normais e nós, não? Quem lhes dá o direito de traçar uma cerca invisível e determinar quem está dentro e quem está fora, excluído? É de dar medo enfrentar a gigantesca responsabilidade moral que se assume ao raciocinar desse modo, porque quem tem essas ideias na cabeça se comporta de acordo com elas. E excluir e marginalizar é como matar, é um homicídio existencial do outro, é dizer-lhe que não é uma pessoa, é só um autista, um negro, um judeu e quiçá quantas etiquetas mais possam ser criadas e aplicadas à vida dos outros.

A normalidade é somente a média entre as pessoas que conhecemos.

A ideia de normalidade que temos em mente não é um conceito, mas uma limitação nossa, sobretudo se exclui alguém.

O que fazer, então?

Eu diria que mesmo as pessoas que estão dentro do gueto do nosso conceito de normalidade, as belas, inteligentes, saudáveis, de boa linhagem, não são todas iguais. Observando bem, não há dois indivíduos iguais. Observando melhor não são todos tão saudáveis assim, há alguns meio adoentados, e muitos não são assim tão lindos, há alguns até bem feinhos.

Supondo que a altura média dos adultos seja um metro e sessenta e cinco, é aceitável que você tenha de um metro e cinquenta a um metro e noventa. Mais ou menos do que isso, você é um monstro. Sua presença me inquieta porque acho terrível que você seja assim tão baixo ou tão alto, não sei como me relacionar com você, fico aterrorizado só de pensar que eu poderia ter nascido como você ou que poderei ficar assim um dia. Creio que seja evidente que em tudo isso não há nada de real. Estamos falando de fantasmas que afligem as pessoas. No entanto, pode-se fazer muito, elaborando a questão, para alargar os confins da nossa concepção de normalidade.

Tomemos como exemplo a minha diversidade. Se eu e vocês nos encontrássemos na mesma sala, sentados ao redor de uma mesa para uma reunião, logo vocês veriam eu me levantar, rir, dar corridinhas pela sala e, com uma mão estendida entre a minha boca e a minha orelha, contar histórias em voz baixa para mim mesmo. Esse é somente um modo inofensivo de administrar as minhas emoções, mas posso assegurar que a maioria de vocês, neurotípicos, ficaria ansiosa devido a um comportamento considerado insólito, se não inconveniente.

Pense no embaraço que sentiria e depois se pergunte se o problema seria real. Basta constatar que os autistas às vezes correm e cochicham do mesmo modo que as pessoas com presbiopia precisam colocar seus óculos para ler. A única diferença é que já vimos mais de mil vezes uma pessoa colocar os óculos para ler, mas nunca um autista que ri, cochicha e corre.

Diante de cada nova diferença que encontramos e que nos inquieta, ou, talvez, só nos surpreenda, seria necessário perguntar-se: é realmente impossível ampliar as fronteiras da minha ideia de normalidade até incluir também esta diversidade e considerá-la normal?

Penso que ser uma pessoa humana é normal e neste planeta não existe ninguém anormal. Não há problema quando uma criança tem medo do escuro povoado de fantasmas, mas depois de crescida teria que deixar de pensar assim. A realidade é que somos todos normais, todos diferentes e todos temos qualidades e limitações de diferentes formas e medidas. Claro que devemos levar em conta que uma pessoa numa cadeira de rodas terá mais dificuldade para se movimentar do que alguém que caminha, mas ela poderia ser melhor acolhida em seu relacionamento conosco. Pensar que haja um limiar que separe uma dificuldade de uma deficiência seria novamente erguer barreiras para cercar os guetos. Que a sociedade deva atestar as dificuldades para admitir as formas de suporte é algo bem diferente.

Em resumo, se vocês pensam que nós, autistas, somos deficientes, deixem-nos em paz, por favor. Mas se têm outra visão, seria bom que eu lhes desse alguns conselhos para aproximarem-se de uma pessoa autista, mesmo que talvez já tenham entendido bastante das páginas precedentes.

Não existem regras gerais, porque os autistas são todos diferentes, mas há atitudes que podem valer para muitos de nós.

Tenho necessidade de não estressar demais as minhas frágeis capacidades perceptivas, logo odeio ambientes barulhentos, com muitas luzes e com muita gente falando ao mesmo tempo. Vejo que muitos de vocês também sofrem nessas situações, mas eu sofro demais, e até perco a capacidade de me comunicar. Logo, para um passeio, é melhor uma atmosfera protegida de um parque do que o caos de um shopping center.

Sou muito menos eficiente do que vocês para decodificar a comunicação, então deem uma informação de cada vez. Posso entendê-los, mas falem devagar e usem frases simples. Fiquem tranquilos, porque, se ficarem ansiosos com a minha presença, eu, que sinto ansiedade por não entender bem a situação, pensarei que estão agitados porque sou inadequado. O embaraço emocional recíproco pode tornar-se impressionante.

Expliquem-me calma e lentamente aonde iremos, o que e como vamos fazer. Para vocês pode parecer óbvio, mas para mim, não.

E fiquem em silêncio de vez em quando. É tão bom, e lhes permitirá sentir a realidade externa a vocês, não apenas com os ouvidos, mas com todo o seu ser.

Não procurem adestrar-nos, mas aceitem serenamente a nossa diversidade para promover a compreensão e o acolhimento. Ser diferente é belo e enriquecedor.

Autismos

Acho que estão se perguntando sobre o meu autismo. Alguns devem conhecer pessoas autistas, podem já ter visto na TV ou lido sobre elas num livro. Para os neurotípicos, os autistas muitas vezes parecem estar perdidos em seu próprio mundo, entre fantasias, estereótipos, comportamentos repetitivos. Outros parecem gigantes carentes de inteligência; outros ainda, tão aterrorizados que frustram qualquer desejo de contato.

Quem teve oportunidade de conviver com autistas desse tipo, imagino que agora se sinta espantado com a minha comunicação e esteja tentado a pensar que sou um autista "muito relativo", no fundo não um verdadeiro autista.

No entanto, eu lhes asseguro que sou quase incapaz de falar: verbalmente me expresso com palavras soltas, só raramente com uma frase curta, nunca espontânea, mas sempre decorada e preparada para o uso. Sei escrever à mão somente em letras de forma muito grandes e malfeitas, subindo e descendo, nunca em linha reta. Eu grito, conto histórias a mim mesmo, me isolo e não me importo que as pessoas me considerem estranho. Eu me enraiveço se me dizem "bom-dia" e poderia continuar mencionando outras limitações e estranhezas.

Para explicar por que consigo escrever de forma neurotípica e civilizadíssima, devo dar um passo atrás e desenredar um breve discurso que vai do geral ao meu particular, segundo uma lógica tão preciosa para seu cérebro neurotípico, de maneira a ajudá-los a tornar simples a compreensão de um conceito complexo. Vocês são complicados, mas eu os observo há tantos anos que creio ter entendido algumas coisas.

Entende-se por autismo um distúrbio de comunicação e de relacionamento interpessoal. "Autista" é um termo que está muito na moda entre o grande público, mas é pouco preciso. Eu conheci muitos autistas e lhes asseguro que são todos diferentes entre si, às vezes muitíssimo diferentes.

Um médico especialista definiria o meu autismo de alta funcionalidade como um grave transtorno do espectro autista. O conceito de "espectro autista", ou seja, um quadro de condições diversas é, portanto, genérico mais eficiente (esta frase me parece bem neurotípica;

escrever este livro fez aumentar minha capacidade de organizar os conceitos, como vocês fazem).

As pessoas autistas são quase todas diferentes entre si. Nem todas as limitações do autismo estão presentes em todos os autistas. Cada um de nós possui algumas e não outras. Nem todas as limitações de um indivíduo autista têm a mesma intensidade; existem limitações mais frequentes e outras, menos.

Cada autismo particular exprime, portanto, um modo pessoal de ser autista e há autistas que se assemelham bastante e outros quase nada. O que todos compartilham é a mistura pessoal de limitações que dificultam, de forma mais ou menos grave e às vezes totalmente, a capacidade de comunicação e relacionamento interpessoal. Não obstante, as pessoas autistas podem ser agrupadas, de maneira genérica, em categorias gerais.

A mais próxima de vocês, neurotípicos, é a chamada "Asperger", ainda que entre eles gostem de se chamar abreviadamente de "Aspie". Esses autistas falam quase perfeitamente, às vezes são até verborrágicos e lhes asseguro que tagarelar mais do que vocês neurotípicos é verdadeiramente uma ápice funcional impressionante. Muitas vezes são um pouco desajustados em alguns aspectos da vida prática e, em outros casos, vocês os definiriam como tendo comportamentos um pouco bizarros. Alguns deles tendem a ter um interesse muito prevalecente por um tema qualquer, de dinossauros a sinos. Estudam incansavelmente e com prazer o assunto que for de seu interesse predominante, tornando-se logo grandes especialistas. Alguns chegam ao ponto de abandonar conversas que tratem de outros assuntos ou a repropor frequentemente o tema predominante.

Uma grande amiga minha é uma Aspie verdadeiramente muito leve, que pode facilmente parecer uma de vocês, quando se esforça um pouco. No entanto, quando me comparei com ela em relação a alguns aspectos da minha mente autista, como a capacidade de ouvir mais de uma conversa ao mesmo tempo, descobri com grande surpresa que ela também a tinha. Vou lançar uma hipótese minha, que não sei se é verdadeira ou falsa. Os Aspie não são "menos autistas", ao contrário, alguns podem ter um autismo bem severo, mas a mente autista deles se mostra mais flexível e, portanto, têm mais facilidade para aprender também o modo neurotípico de interagir com a realidade, podendo se tornar muito hábeis, ainda que não perfeitos.

Querida amiga Aspie, se está lendo o livro, aproveito a ocasião para cumprimentá-la com alegria e afeto.

Vamos agora descer para o abismo do autismo profundo onde encontramos, do que já observei, autistas com baixo e alto funcionamento cerebral.

Como foi que aprendi a escrever em bom "neuroti-piquês", a ponto de receber o diploma e vocês me entenderem? O meu autismo foi diagnosticado bem cedo. Eu me beneficiei logo de ótimos tratamentos, os quais, longe de tentar curar o meu autismo (seria como buscar um tratamento para transformar um cavalo num golfinho), fizeram com que o meu forte isolamento não bloqueasse as etapas do meu desenvolvimento mental em idade de crescimento. No próximo capítulo vou falar das etapas mais recentes deste percurso, mas desejo muito recordar que o fator mais importante de todos foi o amor de minha família, dos profissionais, dos amigos, que acendeu em meu coração a chama da esperança e me motivou a lutar vigorosamente para entender o mundo de vocês, para me inserir um pouco e para aprender a linguagem de vocês, que para mim é ridiculamente redundante.

E agora eu proporia que se fizessem duas perguntas. Quantos autistas mentalmente perdidos teriam conseguido ser como outros Federicos, se diagnosticados logo, apoiados na fase de desenvolvimento e muito amados? Talvez não muitos, mas uma boa parte, sim. E, depois, quantas crianças de dois anos de idade neste momento estão suspensas na corda bamba de um autismo sem volta e poderiam, ao contrário, salvar-se e escrever um livro no futuro?

Paro por aqui. Não quero ser ansiogênico. Agradeço a quem me diagnosticou, a quem cuidou de mim, a quem me amou se empenhando para que eu me integrasse. Vocês salvaram a minha vida.

Uma reviravolta

Houve uma grande e importante mudança ocorrida na minha vida ao redor dos catorze anos de idade. Na verdade se trata de algo que começou na surdina muito antes.

Durante a Escola Primária, a professora Donatella propôs que meus pais experimentassem me fazer escrever no computador, levando em conta que existiam diversas técnicas para ajudar uma pessoa autista a se aproximar da videoescrita até conduzi-la a um uso autônomo e eficiente do teclado.

Comecei a tentar escrever no computador, mas os primeiros resultados foram muito limitados. Eu era muito novinho para escrever bem, ainda tinha em mente muita confusão a respeito da compreensão da realidade, da linguagem de vocês e, principalmente, do modo complicadíssimo de vocês a usarem. Muitas vezes saíam sequências de caracteres sem sentido, às vezes uma palavra adequada ao contexto e só raramente alguma frase curtíssima.

As poucas palavras que eu conseguia escrever me pareciam surgir de um local profundo e remoto da minha mente, como de um sonho, mas as pessoas ao meu redor ficavam muito entusiasmadas com o fato de que finalmente se tivesse aberto um canal de comunicação para mim, mesmo sendo descontínuo e fragmentado. O entusiasmo delas, quando o entendia, me motivava.

Agora, com a visão do depois, entendo que o importante tenha sido começar, e começar bem cedo. A professora Donatella mudou de cidade e o uso da minha escrita fragmentada no computador se tornou descontínuo durante a Escola Secundária de Primeiro Grau, respondendo a inclinações e convicções dos vários professores que se alternavam em meu acompanhamento. Ao mesmo tempo, porém, eu tinha começado a escrever também em casa, com minha mãe, e o uso da videoescrita, tornada descontínua na escola, foi, ao contrário, constante em casa, nos estudos e não só. Rapidamente tomei consciência de que aquilo me permitia, às vezes, responder perguntas, escolher e, portanto, começar, aos poucos, a conduzir a realidade segundo os meus desejos.

Minha mãe foi fundamental naquela situação como em toda a primeira fase da minha vida. As mães com crianças constituem uma categoria considerada de forma não adequada em nossa sociedade. Muitas vezes trabalham fora para obter a renda da qual a família precisa, mas continuam responsáveis pela casa e pelas crianças, a quem dão banho, vestem, cuidam, levam e trazem dos lugares. Mesmo quando os maridos são responsáveis e participantes, geralmente a maior parte das obrigações permanece sobre os ombros delas, o que torna a infância dos filhos a fase mais estressante da trajetória de vida de uma mulher.

No caso de minha mãe, agrega-se a difícil gestão do meu autismo. Um primeiro passo foi reunir material informativo para conseguir entender e se orientar num mundo muitas vezes incompreensível. Depois teve que administrar o relacionamento com os diversos médicos e pessoal especializado, para a realização das várias atividades de análises biológica e comportamental, com as quais se tentava mapear exaustivamente a minha condição, mas principalmente para a realização das muitas terapias e atividades com as quais se tentava favorecer o progresso do meu desenvolvimento e tirar-me do isolamento.

Também havia o confronto cotidiano com o mundo escolar, de modo a obter condições adequadas para os meus estudos e, enfim, o relacionamento com as instituições, para garantir os serviços sociais aos quais minha condição dava direito.

Papai trabalhava muito naquele tempo, para assim garantir boa parte dos recursos financeiros para as minhas atividades. No tempo livre estava sempre presente, mas isso não evitou que, até o final da Escola Secundária de Primeiro Grau, a maior parte do peso tenha ficado sobre os ombros de minha mãe. Eu quis lhes contar tudo isso desta forma para que consigam compreender o valor da decisão de minha mãe de se empenhar também com a minha aprendizagem da escrita no computador.

Durante a minha pré-adolescência, graças às várias terapias que fazia, minha visão da realidade como um filme com trechos incompreensíveis, dos quais eu não participava, começou a evoluir progressivamente. Eu começava a compreender cada vez mais o que acontecia ao meu redor e, em alguns casos, conseguia conduzir os eventos, escolhendo uma entre duas palavras que me vinham propostas, pronunciando-a por mim mesmo, indicando-a ou mesmo escrevendo-a.

Duas coisas foram decisivas para iniciar esse processo. A primeira foi o amor real dos meus familiares, do pessoal especializado e das pessoas com as quais convivia na escola. Percebi que se coordenavam entre si para constituir uma rede de amor para mim. Esse amor acendeu a esperança. Se tantos gostavam de mim, se coordenavam, se empenhavam, então devia existir a possibilidade de superar minhas limitações e participar, ao menos parcialmente, da realidade. A segunda é que eu começava a ver os primeiros e tímidos resultados, confirmados com alegria por quem estava próximo de mim, e isso me ajudou na progressiva passagem de uma dolorosa desconfiança a um esforço convicto.

Terminada a Escola Secundária de Primeiro Grau tive que escolher o curso da Escola Secundária de Segundo Grau. Meus pais aconselharam muito que eu frequentasse um programa de estudos mais simples, mas eu insisti em cursar o liceu científico. Tal decisão era motivada, principalmente, pelo desejo de não perder o contato com os meus amigos mais queridos, que haviam escolhido esse curso. Mas, sob essa decisão, havia o fato de que eu começava a vislumbrar em mim o poder da minha inteligência. Eu desejava estudar os vários ramos da ciência porque esperava encontrar alguma resposta para as grandes questões da minha vida. Por que existia o autismo? Qual sua causa? Por que tinha atingido logo a mim, confinando-me numa condição de vida tão limitada?

Por fim, meus pais decidiram respeitar minha escolha e os cinco anos do Segundo Grau foram como uma ótima ginástica para potencializar e refinar minha capacidade de escrever através do empenho cotidiano. Com a escrita pude finalmente demonstrar meu aprendizado e receber ótimas notas, principalmente em química e latim, as matérias em que eu ia melhor.

Durante a adolescência, a escrita me ajudou também a me inserir na minha paróquia. O grupo do qual fazia parte se reunia frequentemente para discutir vários temas e eu participava da discussão escrevendo em meu computador portátil. Resumindo, minha capacidade de escrever me facilitou, de maneira decisiva, a obtenção de um bom nível de instrução, a inclusão em diversos ambientes, a construção de muitas belas amizades.

Imagino que muitos de vocês estejam se perguntando como eu, assim como outros autistas, quase não consiga falar e, no entanto, possa escrever.

São muitos os motivos. O diálogo oral é geralmente muito veloz, enquanto escrever com um só dedo proporciona muito mais tempo para organizar o discurso. A fala é apoiada por muitos elementos de comunicação não verbal, como as expressões faciais ou o tom da voz, enquanto o texto escrito é composto apenas de palavras. Enfim, um diálogo verbal pressupõe uma relação implícita ao próprio diálogo, mas usar um meio mecânico é infinitamente mais simples e menos ansiogênico.

Durante um diálogo, é preciso processar mentalmente, com a máxima velocidade possível, uma quantidade infinita de detalhes que, em sua maioria, serão descartados. Os poucos detalhes reconhecidamente significativos são depois combinados, como num quebra-cabeça do qual não se conhece com antecedência o número de peças. Consequentemente, nunca se sabe se a ideia mental construída está suficientemente completa e é eficiente para ativar os comportamentos adequados ao contexto. Se a situação já foi vivida, pode-se recorrer a um modelo memorizado; caso contrário, um processo mental tão dramaticamente indutivo é, na verdade, dispersivo e ineficiente. É por isso que, em situações novas, frequentemente me comporto de maneira errada. Vocês também acham que ao escrever tudo fica muito mais simples.

Em torno dos meus catorze anos, as obrigações de trabalho de meu pai diminuíram e ele passou a estar mais presente na minha vida. Minha mãe prosseguiu tendo um papel predominante, ainda que não exclusivo, na gestão das questões de saúde, administrativas e escolares, mas meu pai tomou firmemente em suas mãos a condução da minha socialização, que na época se limitava a meus colegas de escola.

A meu pedido, cuidou de minha insersão na paróquia, acompanhando-me nos encontros para me ajudar a escrever. O restante do grupo o aceitou muito naturalmente, como elemento facilitador da relação entre eles e eu. Nos anos seguintes, meu pai me acompanhou não só na paróquia, mas nas férias, nos passeios com os amigos e em muitos outros ambientes e situações, sempre preparando e cuidando de minha inserção e, depois, me estimulando a escrever para me comunicar em qualquer situação. Aos poucos, meu pequeno computador portátil se tornou meu companheiro inseparável: com ele e o apoio de uma pessoa preparada para me dar assistência, posso opinar em qualquer situação.

Além disso, meu pai realizou uma difusão progressiva e constante de meus textos em ambientes cada vez mais amplos, até criar as condições que me levaram a escrever este livro.

Eis, então, o que a escrita foi para mim: um resgate, a possibilidade de reconquistar minha vida, de participar, de influenciar nas situações. Aproveito para agradecer também aos profissionais que ensinaram o método e a meus pais que, com entusiasmo, se lançaram nessa aventura. Hoje estou feliz com minha vida e o mérito é, principalmente, deles.

A conexão entre nós

Para entender o meu percurso e o autismo, parece-me essencial abordar o tema da vontade. Vejo que para vocês, neurotípicos, a vontade é um recurso sempre disponível. Vocês pensam numa coisa, decidem fazê-la e logo começam a fazê-la. Para mim não é assim. Às vezes a minha vontade fica como que travada e não consegue se libertar.

Quando eu era criança, isso ocorria muito frequentemente; agora consigo controlar melhor, mas ainda acontece. Diria que o fenômeno é restrito a alguns âmbitos específicos.

Quando, por exemplo, alguém usa comigo uma daquelas palavras convencionais e sintéticas como "obrigado", "de nada" ou "ótimo", minha vontade fica bloqueada. Começo a repetir a palavra que me foi dita, repito-a muitas vezes, como se estivesse preso num *looping*, em uma sequência que se repete e na qual me sinto preso, da qual quase nunca consigo sair sozinho, sem a ajuda de alguém.

Quando vocês, neurotípicos, falam, geralmente constroem suas frases no momento. Vocês dispõem de um mecanismo potentíssimo e veloz, que transforma a sua interioridade – percepções, emoções, pensamentos – não só em palavras, mas em frases logo prontas, que depois trocam entre si. Compreendo a linguagem, mas preciso de mais tempo do que o disponível num diálogo verbal ou, talvez seja melhor dizer, de mais calma, de uma condição menos premente e ansiogênica, muitas vezes bloqueadora.

Com o tempo decorei algumas frases curtas já prontas, que memorizo para serem usadas e que utilizo quando são convenientes. Tentamos, eu e meu pai, cultivar esse processo, identificando outras e tentando aprendê-las, mas é uma abordagem que não funciona. O processo de acumulação dessas minhas curtas frases prontas não é estimulado por método ou exercício. Em resumo, o meu pouco falar, com frases curtas e prontas, é uma faculdade em expansão natural, lenta e constante, que parece não ser estimulável com exercícios específicos, mas somente com a prática comum da vida cotidiana e das mil situações que surgem e que são quase todas exageradamente verbais. No mundo neurotípico fala-se sempre, fala-se demais e – é preciso que eu diga –, embora esse seja o modo de vocês estabelecerem as situações, não é o único.

É claro que, se me derem o teclado do meu computador, uma relação com um objeto infinitamente menos ansiogênico, se me derem calma para poder escrever lentamente com um dedo só, eu retomo o poder do uso da linguagem. O meu problema não é a linguagem verbal, mas a enorme complexidade das relações humanas, feitas de uma grande quantidade de estímulos não verbais trocados muito velozmente e que, além disso, influenciam um ao outro. Como vocês fazem para selecionar todas as palavras úteis, e a meu ver também algumas inúteis, dentro de uma tempestade relacional tão gigantesca?

Minha hipótese é que vocês dispõem de uma grande capacidade de processar de forma maciça todos os estímulos percebidos, que geram a visão do todo e lhes permite administrar as situações, quase sempre, com tranquilidade. No entanto, quando eu estou com os outros, minha mente gira a mil para processar em sequência uma série infinita de detalhes, e antes que eu consiga determinar o que está acontecendo e o que poderia dizer, a situação já evoluiu e a minha análise dos detalhes tem que recomeçar do início.

Vocês procedem por síntese, eu por análise dos detalhes: neste mundo neurotípico a modalidade de vocês é naturalmente a lei e eu me vejo em dificuldades.

Mas na linguagem verbal de vocês existe um aspecto muito importante para mim e que me parece passar em branco para vocês. Ao falar vocês não exprimem sempre a mesma intensidade comunicativa e relacional; ao contrário, ela varia muito e não só em relação à intensidade emocional da situação.

Vamos partir do contexto emocional. Um rapaz que pela primeira vez declara seu amor a uma garota, com poucas palavras vai exprimir uma intensidade comunicativa e relacional gigantesca, independentemente das palavras escolhidas para se expressar. Todavia, a grande maioria das situações de diálogo verbal não é assim. Se, emocionalmente tranquilos, disserem a uma pessoa: "Se quiser sair comigo pegue também o guarda-chuva porque está chovendo, caso contrário nos vemos mais tarde", a construção desta frase já minimamente articulada lhes exige uma concentração que reverbera também numa certa intensidade comunicativa. Provavelmente, ao dizê-la vocês olhem o destinatário nos olhos e logo depois se concentrem em sua expressão, para ler a comunicação não verbal, enquanto esperam a resposta. Em resumo, o fato de dever se concentrar minimamente para construir uma frase, mesmo que pouco articulada, os leva depois também a concentrar-se na relação com o destinatário da própria frase. Mas vocês também têm palavras curtas, convencionais e sintéticas, como as que eu citei na abertura, e quando as usam o nível de mecanicidade, de automatismo, se eleva enormemente e desmorona em consequência da intensidade emotiva da relação.

Dizer "obrigado" é quase automático em determinadas situações, como quando alguém nos oferece alguma coisa; nós o dizemos quase sem perceber, quase sem prestar atenção nem mesmo a quem é direcionado. Digamos a verdade: a palavra "obrigado" é convencional, seu uso é ritual e somente em poucos casos exprime um gesto real de gratidão do nosso coração. É de boa educação, mas é também um formalismo.

Experimentem parafrasear a palavra "obrigado". Se alguém lhes diz "desejo agradecê-lo porque foi gentil ao me passar a caneta que eu precisava", podem ficar tranquilos: esta frase jamais surgiria de modo mecânico e com destaque formalístico e convencional. Só consegue dizê-la quem sente de verdade, e certamente a diria olhando o semblante do interlocutor.

Quando vocês tiverem em mente ou no coração alguma coisa que desejam realmente me comunicar, não usem palavras convencionais ou expressões formais, mas construam uma frase individual, única, e exprimam-se com suficiente intensidade comunicativa; aquela intensidade que me vai permitir "entrar em contato" para segui-lo até o fim da frase, para entendê-lo. Se, então, eu tiver uma das minhas frases prontas que seja adequada para o que quiser responder, eu a usarei. Caso contrário, eu responderei com uma palavra qualquer que me venha à mente, para exprimir o que penso.

Se a comunicação, antes autêntica, se torna convencional, com palavras óbvias, clichês, então a intensidade de comunicação cai drasticamente e eu perco a conexão, deixo de segui-los e não sei como restabelecer a relação com vocês. Levem em consideração que eu não consigo ler um livro sozinho porque um estímulo apenas visual para mim é muito fraco para que eu possa usar para estabelecer uma conexão com o conteúdo que leio. Preciso de um áudio-livro e, então, entre o texto que escuto nos fones de ouvido, os olhos que leem as mesmas palavras e o dedo que as segue, consigo me fixar no discurso e segui-lo. Dessa forma, atendendo ao que sou capaz, reconheço que ler é um prazer.

A intensidade comunicativa média, que vocês usam quando querem comunicar um conteúdo autêntico e criam uma frase com esse propósito, uma frase própria e não de outrem, é a intensidade comunicativa mínima necessária para que eu consiga segui-los. Se usarem uma palavra convencional, eu os perco.

E quando os perco entro em uma espécie de pânico, porque volto ao grande trauma da minha infância, quando não entendia nada do mundo ao meu redor, não conseguia fazer-me entender e vivia totalmente perdido no incompreensível.

Essa espécie de pânico me trava, me faz repetir uma porção de vezes a palavra que determinou a "queda de conexão" e é como se a minha vontade estivesse bloqueada. Torno-me prisioneiro de um *looping*, repetindo sempre a mesma palavra, como se a minha mente tivesse entrado num beco sem saída e se visse diante de um muro. É parecido com estar com muita raiva de alguém. A gente quer mudar o estado psíquico porque ficar assim contrariado é muito desagradável, mas não é fácil: somente o passar do tempo pode nos ajudar, projetando-nos em outra situação. Analogamente, o meu bloqueio pode ser superado mudando de situação.

Sabe-se lá quantos autistas em todo o mundo são obrigados a uma relação intermitente devido à frequente redução da intensidade comunicativa de quem vive próximo deles. Este é um problema quase incompreensível para um neurotípico, se alguém não lhe explicar, porque se trata de colocar em discussão faculdades mentais que para vocês são inatas, sempre disponíveis e das quais não têm consciência.

Tentei explicar esta nossa diversidade do modo como a entendo, na esperança de que possa ajudar alguém a fazer um autista se sentir um pouco menos só.

Deus

A minha reflexão existencial, com o passar dos anos, se tornou também filosófica e religiosa. Imagino que em meus coetâneos neurotípicos a reflexão existencial, não tanto sobre o significado da vida humana em geral, mas da própria vida, o que é infinitamente mais emocionante, tenha se iniciado numa idade mais avançada em comparação com o que aconteceu comigo. Quando crianças eles podiam viver a vida, tentando explorá-la e aproveitá-la. Para mim tal dimensão era quase totalmente impossível.

Acho que, em geral, sou uma pessoa muito inclinada para a vida interior, ou seja, privilegio o meu íntimo, onde encontro reflexões, percepções e um sutil, mas importante, reordenamento do que vivi e das emoções que senti. Certamente o fato de não ser capaz de falar teve seu peso nessa minha tendência.

Desde pequeno me vi diante de uma terrível pergunta com relação ao motivo pelo qual sou autista, fazendo de mim um estranho tão diferente de todos vocês. Quando mais velho, eu passava muito tempo sozinho, portanto foi natural adentrar meu interior e refletir sobre muitas coisas.

Em torno dos treze anos percebi que meu pai e meus irmãos voltavam da missa dominical como que transformados, para melhor. Minha incapacidade de falar me levava a concentrar-me na interioridade do outro e vislumbrava que dentro deles algo havia mudado. Minha reflexão interior e solitária sobre a vida se abriu para a dimensão religiosa e, numa de minhas conversas ao computador com meu pai, disse-lhe que eu também acreditava em Deus e que gostaria de fazer a preparação para a Primeira Eucaristia.

Em minha opinião, todo ser humano conduz um seu percurso de vida personalíssimo, único e irreproduzível, assim como qualquer um de nós. Nesse caminho, cada um é levado a questionar-se sobre o principal significado do próprio nascimento, da própria vida e da própria morte, dada a impossibilidade de a ciência fornecer respostas exaustivas, já que ela se ocupa do que é fenomenológico e, portanto, em última instância, da matéria e de suas transformações. As perguntas fundamentais da vida humana vão além de tal dimensão e somente o coração pode nos ajudar na tentativa de sondar ao menos um pouco os profundos abismos.

Penso que a fé e o ateísmo são dois mistérios complementares da vida humana. Crentes ou ateus, porém, estamos todos a caminho pelas veredas da vida. O fato de que cada um tenha um percurso próprio e único a percorrer não impede que nos possamos sentir companheiros de viagem, mesmo que entre ateus e crentes, na solidariedade, mas também no pleno respeito das convicções alheias.

Gostaria de fazer um convite. Ninguém pense que aquilo que escrevo seja certo ou errado – seria inútil e fácil demais. Minha vida não pode ser nem certa nem errada para vocês. Eu os convido a fazer um esforço para deixar o julgamento de lado e simplesmente permitir que entre no coração de vocês, leitores, o que vou contar, e espero que dentro de cada um nasça ao menos uma reflexão totalmente própria e, portanto, útil para a unicidade do seu próprio caminho.

Papai me fez conhecer Padre Ben, um sacerdote verdadeiramente "católico". Como "católico" quer dizer "universal", Padre Ben estava serenamente convencido de que a mensagem de Jesus fosse realmente dirigida a todos os seres humanos – portanto, aos autistas exatamente como aos neurotípicos.

Entrar em contato com uma realidade que não me discriminava nem um pouco foi uma agradável surpresa para mim. Ben organizou para mim uma preparação para a Primeira Eucaristia que, em termos escolásticos, eu chamaria de "particular". Meu catequista, Jacopo, vinha à minha casa e se sentava comigo diante do computador para dialogarmos sobre a realidade para a qual eu começava a abrir meu coração.

Assim chegou o dia da minha Primeira Eucaristia, numa igreja quase vazia para a missa da tarde, e foi um dos mais belos momentos de união da minha família de que me lembro.

Pouco depois escrevi que queria preparar-me para a Crisma e recuperar, assim, os meus coetâneos que estavam empenhados no mesmo percurso. Papai e mamãe entraram em contato com Padre Ben, que, desta vez, selecionou um grupo de preparação para a Crisma constituído de rapazes e garotas mais ou menos da minha idade.

Os meus pais se encontraram com Padre Ben e esses jovens para lhes explicar o autismo e todas as estranhas formas de meu comportamento, de forma que tivessem conhecimentos e instrumentos para entrar em contato comigo. Assim, minha busca existencial deixou de ser só interior e toda semana eu me encontrava com um grupo de coetâneos para discutir temas profundos, eles oralmente e eu por escrito, no meu computador.

Ao final deste livro reuni alguns textos, entre os quais vocês encontrarão um que reproduz um breve diário da minha experiência nesse grupo, com algumas das coisas que eu "disse" durante os debates nas reuniões.

No grupo de preparação para a Crisma conheci heróis do cotidiano, meninas e meninos que nunca se deixaram influenciar pelo medo dos aspectos mais inquietantes do meu autismo, e permaneceram fiéis à percepção profunda da minha humanidade que necessitava de ajuda. Eis uma das coisas em que os jovens foram mais corajosos e capazes do que os adultos. Pensa-se sempre que quem é muito jovem deva aprender com quem é adulto. Na capacidade de me integrar foi totalmente o contrário. Eu digo a todos os adultos: prestem atenção. Chega a hora em que os jovens, incluindo seus filhos, podem ensinar-lhes coisas importantes e vocês correm o risco de não perceber. O fato de que na maior parte das vezes vocês ensinam, não quer dizer que seja sempre assim.

No grupo da Crisma conheci muitos verdadeiros e grandes amigos. Não só Gabriele, mas também Francesca, chamada de "a minha voz", porque durante as reuniões lia tudo que eu escrevia. Depois havia Ricardo, que ainda hoje toca percussão comigo na missa dos jovens. E, ainda, outra Francesca, chamada "Pizia", e Andrea, chamado "Feffe", Maria Carlotta, Enrico. Em resumo, não posso citar todos porque seriam uns quarenta, mas peço-lhes que acreditem que cada um deles, citado ou não, me amou, buscou, ajudou. Discutindo, tocando, comendo, viajando juntos, vivemos uma integração plena. Lembro-me também, com imenso afeto, dos vários catequistas que se alternaram em nosso acompanhamento e que sempre procuraram se relacionar comigo.

Eu vivi isso.

Não existe no mundo uma pessoa excluída que não possa ser recuperada para uma dimensão de integração. Basta acreditar e trabalhar para isso, os meios a gente encontra.

Na realidade, foi muito importante para mim ter um compromisso fixo todas as semanas: eu saía de casa com papai e meu computador portátil para ir à paróquia me encontrar com pessoas da minha idade, não como experiência casual, mas estando integrado de maneira permanente num percurso de desenvolvimento conjunto, que também previa passeios, participação na missa dominical e muitas outras atividades. Eles, neurotípicos, eu, autista, construímos uma pequena comunidade sem diferenças.

Depois da Crisma, o grupo prosseguiu suas atividades com regularidade. A experiência mais bonita que tivemos juntos foi a semana que passamos na Comunidade Monástica de Bose. Projetado naquela realidade, pude vivenciar o encontro entre o meu autismo e a vida monástica que ali se compartilha. Devo dizer que, sob alguns aspectos, é uma vida cansativa para um autista, porque quase todo o tempo é repleto de uma experiência existencial tão intensa que se beira, às vezes, a uma crise. Os meus ritmos são diferentes dos de vocês, mas principalmente, enquanto pareço ausente, talvez murmurando comigo mesmo, percebo internamente e de maneira vigorosa, diria sem defesas, a experiência que se está vivendo.

É como se fosse incapaz de me refugiar um instante na superficialidade para recuperar o fôlego, mecanismo que vejo surgir de modo tão eficaz em vocês neurotípicos. Isso lhes dá flexibilidade, lhes permite relaxar um instante, quando necessário, e depois retomar.

Em Bose, porém, também tive experiências belíssimas, sobretudo de forte relação com Deus. É uma relação sem palavras audíveis, na qual a comunicação se estabelece com o coração, e direi, portanto, que é uma experiência muito mais autista do que neurotípica.

Há locais, em minha opinião, em que a grande concentração de pessoas buscando Deus com dedicação e método faz o céu parecer mais sutil, facilitando o encontro de uma alma com Deus, de modo que ao ir embora, depois de uma temporada, quase todos expressam ter vivido dias não só muito belos, mas também espiritualmente importantes.

É como se ali, em virtude da busca contínua de Deus, o Espírito atuasse de forma diferenciada. Bose, em minha opinião, é um desses locais. É também um lugar em que uma pessoa diferente, como eu, pode sentir-se acolhida e experimentar uma integração completa, sendo tratada como todos os outros na consciência da diversidade. Eu os aconselho vivamente a passarem alguns dias em Bose e, se forem, mando lembranças para Luciano, Marco, Alessia, Lara, Chiara, Silvie, Mathias e todos os amigos e amigas daquela comunidade.

Brincadeira

Uma coisa que os neurotípicos acham espantosa é o meu senso de humor e a ironia que muitos acreditam ser qualidades impossíveis de se encontrar num autista. É verdade, nós autistas, se formos capazes de rir, rimos de outras coisas, mas também o mecanismo de comicidade de vocês é muito bonito e divertido. Eu me sinto dramaticamente inclinado a reunir os detalhes da realidade que me circunda e a não ver a organicidade. Vocês, neurotípicos, ao contrário, captam primeiro a organicidade do todo e somente depois, se for útil, se dedicam a algum detalhe. Eu acho que essa tendência para a organicidade não os deixa apreender os detalhes cômicos da realidade antes que alguém os evidencie com uma das técnicas do humor, como, por exemplo, o exagero.

Quem captaria a comicidade implícita da minha relação com meu pai, que vive me ajudando, antes de eu o definir como "meu mordomo"? Isso não diminui o grande valor do que ele faz, mas rir disso torna esse valor mais humano, mais familiar, mais próximo.

Eu também capto a ironia quando os outros a usam comigo, se for expressa com poucas palavras. Se for composta por um discurso mais longo e articulado, eu me perco um pouco. Preciso ter a mesma expressão em forma de texto escrito, ter alguém que a leia de modo a duplicar o canal visual com o auditivo e, então, compreenderei e a captarei. Em outras palavras, não creio ter dificuldades em captar a ironia, e sim, geralmente, compreender uma fala que a tenha em si.

Concordo com o fato de que a ironia, produzida ou apenas compreendida, seja uma qualidade muito rara entre os autistas. Em geral, somos principalmente vinculados demais ao significado literal das palavras e frases, portanto, incapazes de fingir – ou seja, de nos apresentar aos outros diferentes de como somos, separando a imagem que se dá aos outros da autoimagem interior, capacidade esta que pode ser utilizada num sentido moralmente negativo, isto é, querendo enganar, manipular os outros, mas também no sentido positivo, como numa representação do aspecto cômico que tem algo de teatral, do ator que se desvincula de si mesmo para se tornar o personagem.

Porém, a razão mais profunda e verdadeira é outra. Diante de uma situação nova que precisem enfrentar ou que lhes seja somente relatada, vocês, neurotípicos, logo se fazem uma visão orgânica do todo, que prescinde inicialmente de detalhes particulares, como já disse antes. Portanto, vocês aceitam com prazer o lado cômico de um detalhe, quando alguém o coloca em evidencia. Nós, autistas, que carecemos da visão imediata do todo, estamos, ao contrário, ocupados em processar mentalmente um grande número de detalhes para entender alguma coisa e, muitas vezes, sentimos ansiedade de fazê-lo rapidamente, antes de precisar agir sem ter entendido as situações de vida neurotípica que, frequentemente, são obscuras misturas de cascatas de palavras, de comunicações não verbais e de significados implícitos não ditos.

Todavia, por força de refletir sobre isso, eu entendo a ironia de vocês e gosto dela. Parabéns aos neurotípicos por terem inventado o humor. Às vezes reclamo um pouco de vocês, mas desse traço eu gosto e, por isso, o adoto.

Sentir no coração

Desde a adolescência amo, de maneira pungente, a feminilidade, uma dimensão para a qual me sentia intimamente atraído, mas para a qual não possuía nenhuma estratégia para aproximação ou relacionamento, estratégia que, como já disse, na verdade me faltava com relação a todo mundo.

Com o passar dos anos, todavia, percebi uma relação particular do mundo feminino a meu respeito e, principalmente, entre as minhas coetâneas, como se o fato de serem meninas incluísse uma capacidade especial de empatia, de intuição sobre a minha prisão e o meu sofrimento, sentindo-os no coração como se fosse uma experiência pessoal.

Eu me senti profundamente aceito, acolhido e compreendido por muitos meninos que quiseram ser meus amigos. No entanto, nas meninas percebi a capacidade de pular todas as etapas mentais da compreensão, sentindo no coração delas as minhas próprias sensações e emoções, numa grande dádiva de empatia.

Muitas, antes de compreender, sentiram no coração o meu autismo, com a sua triste condição de reclusão, de solidão, de grande e recíproca incomunicabilidade com relação ao mundo neurotípico.

A amizade dos meninos e das meninas com relação a mim se expressa constantemente de formas diferentes. Mais compreensão, aceitação, disponibilidade para encarar a vida juntos por parte dos meninos; mais empatia, pulando tudo para compartilhar no coração por parte das meninas. No feminino, constatei a capacidade de pular o plano da compreensão, com a multiplicidade de elementos a serem avaliados, entrando logo num tipo de sintonia sintética do coração que vai direto àquilo que na dimensão emocional do outro é mais profundo, mais verdadeiro, mais decisivo no plano existencial.

Durante a adolescência tive, como todo mundo, as minhas paixonites, os meus amores platônicos, mas com o sofrimento adicional de não conseguir relacionar-me com a pessoa amada, a não ser nas minhas formas limitadíssimas de pessoa autista, formas não só limitadas, mas nem sempre compreensíveis e, às vezes, perturbadoras.

Creio que se possa comparar à situação de um homem enamorado e encarcerado, enquanto a mulher amada vive em liberdade. Ele, preso entre as paredes de sua cela, não sabe onde ela está, o que pode estar fazendo, o que está sentindo em seu coração, se está feliz ou triste. Ele é simplesmente eliminado da vida dela.

Aos poucos, a mesma impraticabilidade desses amores levou à sua superação, e nasceu em mim a convicção de que deveria procurar uma garota autista como eu, pois só assim teria ao menos a possibilidade de construir alguma coisa.

Mas, então, surgiram novas dificuldades. As garotas Asperger, para mim, são demasiado iguais a vocês, neurotípicos, quanto a interesses e formas de comunicação. No autismo mais profundo, que é o meu estado, os homens são geralmente a maioria e, além disso, é muito comum a condição de capacidade cognitiva muito comprometida que se soma à clausura comunicativa do autismo. Mas, mesmo admitindo que encontrasse uma garota com um autismo totalmente semelhante ao meu, como poderíamos nos conhecer para ver se nasceria a sintonia que faz com que um se torne profundamente importante para o outro, e vice-versa, isto é, o ponto de partida de um verdadeiro enamoramento?

Não creio que jamais tenha existido uma dimensão de casal entre duas pessoas quase incapazes de se comunicarem, mesmo porque a comunicação é o fundamento para a construção de qualquer relação. Talvez exista, ou, melhor dizendo, poderia existir um relacionamento entrelaçado somente pelos corações, no deserto de uma troca comunicativa menor do que o mínimo e feita do mesmo sentir interior, de uma total sintonia do não dito que, aos poucos, conduziria as duas vidas a caminhar no mesmo passo?

Quem sabe?

Consola-me um pouco o fato de me ver em boa companhia. No mundo neurotípico de vocês, o cinema trata muitíssimo do amor entre homem e mulher e isso demonstra ser, segundo penso, uma realidade muito desejada, mas difícil de conseguir e ainda mais difícil de manter ao longo do tempo.

O ser humano de hoje me parece demasiado concentrado em si mesmo para dar importância ao conhecimento do outro, muitos relacionamentos me parecem banalizados demais para que possam se abrir à admiração e ao encanto.

E mesmo os poucos que conseguem se abrir reciprocamente e enamorar-se, logo parecem inconscientes da necessidade de cultivar, nutrir esse amor, e o consomem como um potinho de doce de leite.

Assim, muitos chegam a reduzir a própria necessidade de amor a uma simples atração sexual, cujas fortes emoções se tornam uma droga, que compensa e equilibra a falta de um verdadeiro amor.

Eu compararia a relação entre amor e sexo àquela entre a banheira e o mar. Podemos entrar numa banheira para nos refrescar num dia tórrido de verão. Por que, então, vamos procurar no mar o frescor de um banho? Talvez porque a areia, o sol, o céu, o mar sejam dimensões que nos envolvem com o fato de serem infinitos, e ficar imerso em tantas maravilhosas dimensões infinitas é muito mais humano e humanizante do que olhar os azulejos do banheiro enquanto se está imerso na banheira. É claro que o verdadeiro amor entre homem e mulher prevê também o exercício da sexualidade, mas a coloca num contexto de dimensões emocionais e existenciais infinitas.

Voltando a mim, vou continuar pela minha vida a procurar o meu amor que jamais foi visto, feito de uma sintonia progressiva do sentir interior no deserto da comunicação exterior. Sei que um amor assim só existe nos meus sonhos. Mas são os sonhos que fazem a história. Os poucos seres humanos que ao longo da história resistiram à tentação de abandonar seus sonhos são aqueles que tiveram a oportunidade de mudar o rumo da própria história, e alguns foram vitoriosos.

Certamente vocês se lembram de Martin Luther King e de seu discurso mais célebre. A certa altura, seu coração transbordou e disse: "eu tenho um sonho". O coração de milhares de ouvintes estremeceu de emoção e o seu sonho se transformou em profecia. Não poderia ter dito de outra forma, ele vivia para o seu sonho, tinha se tornado algo vivo nele e o guiava.

Muitos seres humanos, infelizmente, abandonam os próprios sonhos e se conformam em administrar a rotina do que já existe. Mas o sonho já produziu um grande milagre na minha vida. Eu, autista, incapaz de me comunicar, hoje estou além da comunicação interpessoal e estou me comunicando com inúmeras pessoas. Estou escrevendo um livro.

Arquivado o primeiro sonho realizado, passemos a trabalhar vigorosamente no segundo: o amor autista. Nada é impossível para quem se deixa arrebatar pelo esplendor dos próprios sonhos. Não há certezas, é claro, mas também nada é impossível, no máximo ninguém o fez antes, o que torna a tarefa provavelmente ainda mais urgente.

E tenho uma ideia para um amor autista.

Todos os neurotípicos que encontro me falam, tentam apelar para as minhas escassas capacidades de compreensão da linguagem falada e, às vezes, parecem quase aflitos para preencher o vazio do silêncio com o rumor da palavra. Eis o ponto. O medo de que o silêncio seja vazio de comunicação, ou seja, de vida, não tem razão de ser.

Na verdade, o silêncio entre dois seres humanos fervilha com muitos pequenos elementos de uma comunicação não verbal que eu chamaria de espiritual. Eu entendi isso nos longos dias de passeio com meu pai pelas montanhas. Ele, sabendo o quanto o diálogo verbal era custoso para mim, ficava em silêncio, se tornava autista como eu. Assim, nós dois caminhávamos por horas, sozinhos e em silêncio, circundados pela natureza, às vezes diante de panoramas grandiosos, outras mergulhados em bosques, um caminhando atrás do outro, ou lado a lado quando o percurso permitia.

No começo, o silêncio parecia criar uma separação, como se cada um de nós caminhasse por sua conta, mas esta foi apenas uma condição inicial, eu diria externa, superficial. Com o tempo, comecei a perceber que o que eu experimentava, diante da beleza da natureza, o meu pai também sentia dentro dele. Não experimentávamos a dois o mesmo sentimento, mas um único sentimento, o que é algo bem diferente. Estávamos entrando na dimensão da verdadeira empatia.

Voltando para casa, eu me sentia saciado de comunicação e sem a tensão de forçar sentimentos dentro do limite da palavra. É uma relação que se parece um pouco com a prece. Diante de Deus, não temos outra possibilidade a não ser buscar uma relação espiritual, porque Deus não só não profere palavras audíveis, mas é também invisível aos nossos olhos. Mas também diante de um ser humano que caminha, trabalha, vive ao nosso lado, podemos conciliar o silêncio das palavras e, talvez, também dos olhares, para fazer crescer uma relação apenas espiritual, tão delicada que sucumbiria sob o estrondo do falar. Aos poucos surgiria uma percepção interior do outro, pacífica, plácida e unificada.

Se quiséssemos reduzir a prece a um de seus significados, ou seja, a busca de uma relação interior e espiritual com Deus, então, com uma abordagem um pouco ousada, poderíamos dizer que esse estar juntos há pouco descrito seja um rezar ao outro, viver uma dimensão recíproca de prece.

E, voltando ao feminino, seria possível uma vida de casal entre dois autistas, feita de pouquíssimas palavras e de um amor que se nutriria de uma sintonia interior que cresce no silêncio? Quem sabe.

A vida é cheia de *quem sabe*, mas podemos dizê-lo com um sorriso, entre uma pitada de esperança e outra de confiança.

Escola de escola

Os últimos anos escolares foram uma vivência belíssima; no ano do exame final, minha classe venceu o Prêmio Nacional da Bondade pela experiência de integração de uma pessoa autista. Fomos todos juntos ao Capitólio para recebê-lo. Depois a TV 2000 nos convidou para contar a nossa experiência.

Esta conclusão brilhante ao fim dos cinco anos do curso, porém, foi conquistada com um percurso certamente não linear, composto de verdadeiros momentos de crise, de interrupções e dificuldades repentinas que somente com um pouco de paciência foi possível compreender como conseguir enfrentá-los.

Foram elementos decisivos o amor de muitas pessoas por mim, da minha família, dos meus colegas, de alguns professores e funcionários da escola. A dedicação deles foi grande e também a determinação de não se darem por vencidos diante de graves dificuldades que, por certo tempo, pareciam invencíveis.

Como já disse, decidi frequentar o curso científico contra o parecer de meus pais e dos especialistas consultados por eles, que consideravam mais adequado um curso menos exigente. Certo dia, fui com papai e mamãe escolher a mochila, as canetas, os cadernos e, depois de alguns dias, me vi em meio ao vozerio dos estudantes, esperando que a campainha desse início ao primeiro dia da Escola Secundária de Segundo Grau.

Estar em meio a tantas pessoas, cada uma com os seus gestos, rodeado por uma maré de sons: uma tempestade de estímulos que constitui a condição mais dramática para muito autistas e, certamente, para mim. Além disso, eu sentia uma grande ansiedade porque não sabia o que aconteceria depois de passar a porta envidraçada da escola; quem sabe quantas coisas passariam a ficar claras e óbvias para os meus colegas e que para mim, ao contrário, pareceriam obscuras e incompreensíveis. Eu tinha certeza de que não iria entender as situações e depois compreenderia sistematicamente como deveria ter me comportado.

Felizmente minha mãe tinha preparado o terreno para a minha inclusão, explicando o meu autismo a todas as pessoas com quem tinha podido entrar em contato. Fui recebido com grande e sincero afeto por Iolanda, minha professora de italiano do biênio, a pessoa com quem teria de passar o maior número de horas. A ideia que Iolanda me passava era que dava mais atenção, cuidado, afeto a quem tinha mais necessidade: no caso a pessoa era eu, mas poderia ter sido outra, se eu não tivesse tantas dificuldades. Sua bondade para comigo era estimulada por um profundo anseio de justiça.

Minha vida escolar começou, portanto, a se definir, diria, a se organizar. Eu escutava o saber neurotípico e o achava bastante simples de entender e recordar. Simples porque singelo, lógico, consequente em seu desenvolvimento. Como negativo, poderia afirmar que ele raramente surpreende, quase nunca ignora lógicas ou percursos laterais inesperados. Desconhece, portanto, o encontro com o absurdo e mais ainda com o mistério, os quais possuem tanto peso na vida, se soubermos olhá-la sem mecanismos de defesa e em sua dimensão mais profunda.

Em resumo, para mim, autista, o ensino neurotípico parece um gigantesco processo de adestramento com relação a tudo que o ser humano tenha produzido ou descoberto nas várias áreas do conhecimento. Parece-me que incentiva a dependência, a concordância ao saber atual e desestimula a iniciativa, a autonomia, a pesquisa, a intuição.

Todavia, estou satisfeito de ter seguido esse curso. Agora sei latim, história, filosofia, muitas leis da química e da física e outras coisas. Claro que ignorar essas coisas teria limitado minha vida e os estudos cultivaram e refinaram minha mente. Mas será que seguir por cinco anos um curso decidido e conduzido por outrem não desestimula a capacidade de escolher sozinho, de tomar decisões que orientem uma vida?

Júlio Cesar não estudou para se tornar o que foi. Ele analisou, avaliou, escolheu e decidiu. Tudo o que, em minha opinião, os estudantes não são estimulados a fazer, porque são condicionados a seguir o pensamento, o método, as escolhas do professor. Há algo de massificante na escola, que os leva a se tornarem acólitos dos professores e sabe-se lá se no fim, com o diploma, conseguirão recuperar uma autonomia tão pouco cultivada ao longo dos anos.

Na escola eu assimilava as matérias e era questionado através do meu computador portátil; em casa eu era ajudado a estudar e comecei a tirar boas notas. Alguns cinco, muitos seis, sete e alguns oito.

Meu problema não era tirar notas boas, mas como a escola era organizada em tempos e métodos, adequada, talvez, a meus colegas neurotípicos, os quais também se queixavam. Como ficar quieto e em silêncio durante horas escutando uma pessoa falar? Difícil para os meus colegas, sinceramente impossível para mim. E o que dizer da tempestade emocional gerada a cada hora pela mudança geral de todo o contexto, professor, assunto, atividade? Eu poderia continuar, mas paro por aqui.

As minhas dificuldades dependiam da organização dos espaços, tempos e métodos; reagia-se procurando normalizar os meus comportamentos e, em última instância, o meu autismo, e este com razão, porque a escola é uma instituição e são as pessoas que se devem adaptar. Toda flexibilidade escolar possível foi utilizada para me ajudar, mas isso não exclui que seja desejável uma flexibilidade ainda maior para os autistas que virão. Os objetivos dos estudos são claramente invioláveis, mas favorecer a flexibilidade deveria ser a regra e não só para vantagem dos autistas, mas de todas as formas de diversidade.

Se consegui concluir o curso e obter o diploma da Escola Secundária de Segundo Grau, não o devo somente às minhas capacidades e ao meu esforço, mas também à dedicação de algumas pessoas, como os meus pais, que sempre me acompanharam, encorajaram e durante cinco anos dedicaram todos os fins de semana para ajudar-me a estudar. Penso também na tia Lia, irmã de meu pai, que transformou em apresentações para o computador todas as lições de matemática, de modo que eu pudesse dispor de um instrumento muitíssimo mais congenial para minhas características se comparado a um livro escrito. Foram também muitíssimas as pessoas que se alternaram a meu lado nas longas tardes de estudo e, se não consigo citar todas, quero dizer que me lembro de cada uma delas com afeto e gratidão.

Na escola a figura mais importante foi Federica, minha professora de apoio, que foi muito além de suas obrigações. Orientou o ambiente escolar para o conhecimento do meu autismo, conduziu meu trabalho na escola em conexão cotidiana com meus professores, acompanhou meus esforços, mas também foi minha confidente nos momentos de raiva e de desconforto, ajudando-me a superá-los. Também me lembro das manhãs passadas com a assistente Marina, com quem desenvolvi um relacionamento intenso e produtivo que, com o tempo, se enriqueceu com um profundo afeto recíproco.

A grande protagonista da minha inclusão, porém, foi a minha turma, que conseguiu ir além das características mais confusas ou inquietantes do meu autismo e ofereceu disponibilidade e empenho. Também quero lembrar muitos professores e funcionários não docentes, porque muitos me ofereceram sua amizade.

Ouço muitas histórias tristes de autistas encostados na escola durante cinco anos, até mesmo sendo objeto de escárnio ou *bullying*. Quem sabe quantos deles teriam tido sucesso se tivessem sido ajudados como eu fui?

A escuridão

A história da minha vida também pode ser vista como um percurso para escapar do incompreensível e, dia após dia, arrancar fragmentos de significado para compor os pequenos pedaços de compreensão para, depois, tentar participar um pouquinho e não ser apenas uma espécie de destroço à mercê das ondas da vida.

Hoje em dia consegui arrancar muito do meu autismo e consigo compreender mais o que acontece ao meu redor e até ter autonomia sobre boa parte da minha vida, como vocês fazem. Estou escrevendo um livro, tenho diversos grupos de amigos, vou à academia de ginástica, estudo percussão e, não obstante agora esteja convencido da progressividade de meus avanços em saber viver, o medo e a angústia do magma disforme do incompreensível de onde provenho permanecem em meu íntimo, como um trauma originário e indelével.

Quando eu era criança, essa ansiedade se manifestava, por exemplo, nas crises emocionais que sofria na rua quando era preciso regressar. Meus pais aprenderam que, ao sairmos para passear, seria necessário retornar ao ponto de partida dando uma grande volta. Eu não conseguia simplesmente fazer o caminho de ida no sentido inverso, então me jogava no chão, chorando e gritando.

Eu vinha da prisão de um mundo incompreensível e só podia ir para a frente na vida, podia só sair, não queria absolutamente voltar atrás. E cada retorno, mesmo durante o mais sereno dos passeios, era para mim um símbolo de significados insuportáveis. Somente com tempo e esforço comecei a aprender a voltar pelo mesmo caminho.

Agora que sou adulto, não tenho mais problemas com o retorno dos passeios, mas o trauma das minhas origens que descrevi ainda vive nas profundezas do meu ser e creio que será difícil me libertar totalmente dele. Talvez seja mais provável amadurecer todo dia um novo pequeno espaço de serena convivência.

Atualmente, meu medo é que chegue um dia em que um evento aparentemente insignificante, mas no fundo impactante, seja capaz de inverter o processo da minha progressiva melhora em compreender e viver a realidade, me sugando de novo como um vórtice para a prisão do meu passado.

Vocês poderiam dizer que esse medo é infundado, e muito provavelmente têm razão, mas considerem que o autismo profundo é um mundo obscuro, com pontos até agora inexplorados, como demonstra o fato de que a ciência ainda não conhece sua origem ou causas. Já se verificaram casos de autistas que regrediram muito em relação a autonomias conquistadas: ninguém sabe por que aconteceu com aquelas pessoas e não com outras. Ninguém sabe por que alguns autistas são inteligentes e outros não, ao menos do que observo; por que alguns conseguem progredir enquanto outros permanecem prisioneiros do total isolamento, não obstante tantos tratamentos.

Mergulhado em tanta nebulosidade, meu medo é que a angustiante prisão do meu passado possa reaparecer um dia e me arrastar para trás, novamente para o pântano do incompreensível.

É por isso que me enraiveço tanto quando uma palavra convencional, até um simples "obrigado", diminui a intensidade comunicativa da relação e eu perco a conexão com quem está falando comigo. Enraiveço-me porque depois de todo o esforço e do caminho feito para conseguir compreender vocês, agora não quero mais perdê-los.

Enraiveço-me quando me comporto de maneira errada nas situações que vivo ou alguém me faz notar que não estou compreendendo alguma coisa. Que aconteça qualquer coisa, menos voltar atrás sem um gancho, uma conexão com a realidade.

Escrevi tudo isso para indicar e esclarecer que o autismo não é só uma condição: ele próprio é um trauma. Cada limitação que reduz a nossa capacidade de administrar a realidade nos afasta da vida e gera, pois, um terror mortal.

Portanto, os autistas devem ser também consolados e defendidos do terror que o próprio autismo lhes incute e não podemos nem imaginar, creio, o terror que atormenta aqueles que nunca foram capazes de tomar um caminho de parcial reabilitação e sentem há anos a impossibilidade de sair da prisão do incompreensível. Não me espanta que alguns deles gritem de terror somente por serem tocados. Talvez não compreendam o porquê do surgimento em sua mente da percepção do toque e não entendam como, do magma do mundo externo, chegue naquele momento essa percepção que antes não existia. Se as coisas que não compreendemos nos dão medo, é fácil imaginar que quem nunca compreende nada viva num estado de pânico potencialmente constante.

Este discurso, é claro, não se limita somente aos autistas. Toda pessoa com algum tipo de limitação também passa pelo trauma gerado por tal condição, o qual, infelizmente, é recordado e revivido por todo comportamento discriminatório, ou até veladamente excludente, que ela possa sofrer. Ampliando nossa visão, tal condição, partindo idealmente da pessoa mais gravemente deficiente, se amplia para incluir toda a humanidade. Não acredito que exista, de fato, pessoa humana que não tenha sofrido na própria carne um evento considerado negativo e, talvez, inconscientemente o percebeu como dolorosamente limitador das oportunidades de vivência plena da própria existência futura ou esperada.

Também aqui, como em outras passagens deste livro, o convite é para superar as rígidas estruturas lógicas de saúde-doença ou normal-com deficiência. Todos nós somos um pouco doentes, nem que sejam apenas dores de cabeça recorrentes, e todos temos alguma pequena deficiência, mesmo que seja não conseguir ficar parado em pé por mais de uma hora por causa de problemas na coluna. Em resumo, o meu pedido é para não conceituar a doença, a deficiência ou outra diferença como categorias rígidas, mas como elementos integrantes da humanidade que, com formas e graduações diversas, estão presentes em todo ser humano. Passar de uma visão de categorias fixas ou, pior ainda, de barreiras, para uma visão de realidades difusas, dinâmicas, graduais, penso que seja não só mais fiel à realidade, mas também protegê-la do risco de projetar medos profundos em qualquer pobre desventurado que possamos encontrar.

Voltando aos meus medos de pessoa autista, acho que outro elemento importante seja o medo do futuro e de sua dimensão carregada de incerteza. É um temor comum a todos os seres humanos, porque ninguém pode ter certeza de que as realidades materiais ou emocionais com as quais vivemos hoje não venham a faltar, projetando-nos numa indigência de qualquer natureza. Mas em mim isso se complica, deslocando-se para uma ulterior dimensão, a das minhas escassas autonomias e do consequente apoio organizativo e operacional de que necessito.

Felizmente, meus pais, hoje com mais de cinquenta anos, gozam de ótima saúde e ainda são dinâmicos e têm espírito jovem, mas chegará o dia em que o envelhecimento deles começará a reduzir a capacidade de me ajudar. Até esse dia, terei conseguido autonomia suficiente para compensar a falta de apoio deles? Haverá outras pessoas dispostas a me ajudar? Saberão me ajudar tanto e tão bem como fizeram meus pais até hoje?

Meu futuro depende, em grande parte, da resposta a tais questões. E, não obstante minhas perguntas sejam mais impositivas e ameaçadoras em comparação com o que venha a acontecer a um meu coetâneo típico, a resposta só pode ser a mesma: aceitar o desafio implícito no futuro e navegar em direção ao amanhã desconhecido, sabendo que podemos confiar em poucas certezas. Mas, talvez, nessa nossa própria extrema fragilidade existencial comum repouse a luminosa beleza de sermos pessoas.

Por quê?

Por que logo eu? Por que nasci autista e não posso ser como vocês?

Tenho vinte anos de idade e ainda não encontrei a resposta e creio que não a encontrarei jamais, ao menos nesta vida. Todavia, entendi uma coisa: essa pergunta não é só minha, mas diz respeito a todo ser humano. São muitos os que se perguntam "por que logo eu?", por causa de um casamento malsucedido, de uma família dividida por discórdias, de um desemprego forçado, de uma saúde frágil, da perda de uma pessoa querida. E poderia continuar, porque todo ser humano possui a sua pergunta sem resposta com relação à vida.

Não sei o que determinou o autismo em mim, nem a ciência sabe, mas a experiência de escrever este livro me proporcionou a possibilidade de dar ao meu autismo ao menos um pequeno significado, o de explicar essa condição. E se somente uma pessoa for induzida à virtude ao lê-lo, ou ajudada a se relacionar positivamente com uma das muitas diversidades que existem, então, teremos encontrado a primeira pequena resposta.

Escrever foi despir do meu autismo a roupagem do absurdo e vesti-lo com um propósito verdadeiramente meu. Basta, portanto, perguntar à vida o porquê de cada desgraça. Por trás da pergunta racional do porquê estão os significados e objetivos que sou chamado a escolher e perseguir. E é aqui, em minha opinião, que morre o destino cego e triunfa a humanidade, não importa o quão limitada ou sofredora.

Posfácio

de Oreste De Rosa

Eu me chamo Oreste De Rosa, sou o pai de Federico, o autor do livro que vocês estão lendo, e gostaria de lhes dizer algumas coisas do ponto de vista de pai que o acompanhou neste trabalho.

Desde pequeno, Federico era uma criança quase completamente "não verbal", incapaz não só de falar, mas também de escrever e desenhar. De vez em quando pronunciava uma palavra solta, quase nunca autonomamente, mas repetindo com intenção assertiva a palavra proposta a ele por um adulto de referência. Ao sofrimento de não conseguirmos nos comunicar com ele, acrescentavam-se situações realmente críticas, como quando chorava e não havia modo de saber o motivo.

Portanto, foi uma grande reviravolta, quando, em torno dos oito anos de idade dele, descobrimos que, se adequadamente apoiado, Federico podia aprender a escrever usando o computador. A escrita foi para ele, e como reflexo para nós, uma autêntica libertação, a abertura de um canal de comunicação entre Federico, sua família, a escola e o mundo.

Ao longo dos anos, a escrita de Federico foi aos poucos se articulando, passando de uma forma expositiva simples, com frases breves, a expressões cada vez mais complexas e ricas de significado. Por outro lado, pude constatar em Federico a passagem de uma tendência substancialmente assertiva em relação ao adulto que o convidava a escrever, à expressão de opiniões diferentes e, enfim, à manutenção de diálogos em total contraposição de posições conceituais, como todos os adolescentes costumam fazer. Com isso, a sua autonomia de expressão e decisão se articulou e se reforçou, bem como a propriedade do meio e da linguagem. Nas páginas seguintes a este posfácio, são apresentados os primeiros textos de Federico em ordem cronológica, de modo a fazer entender seu percurso evolutivo e como a capacidade de se comunicar na forma escrita surgiu e se desenvolveu.

Mais tarde, quando a capacidade de expressão de Federico amadureceu, os textos de natureza mais reflexiva começaram a circular num âmbito cada vez mais amplo, causando espanto e recebendo grandes elogios pela profundidade, essencialidade, clareza.

Ao longo de todo o percurso que levou à redação do livro, eu sempre mantive vivo o desejo de apenas estar a serviço de Federico, de ajudá-lo se tivesse necessidade, deixando sempre que a decisão sobre cada tema fosse dele.

A mais bela das experiências foi a das longas tardes em que Federico começava a digitar, letra por letra, o livro inteiro que agora estão lendo. Estar presente durante a criação deste livro, da sua idealização à composição, palavra por palavra, foi para mim uma experiência única, muito gratificante e, às vezes, comovente.

A redação deste livro também ofereceu a Federico a oportunidade de crescer em autonomia, também na escrita. Quando começamos o trabalho de redação, eram necessárias duas mãos pousadas em seus ombros para que conseguisse manter a concentração na escrita e não se interromper. Essas duas mãos, ao longo do tempo, se reduziram a uma só e, mais tarde, a apenas três dedos pousados entre um ombro e o pescoço. Acho que não está longe o dia em que Federico será capaz de manter a concentração na redação sem ser tocado, o que seria certamente uma nova importante conquista de autonomia.

Quando, aos três anos, Federico recebeu o diagnóstico de autismo, a dor de ter um filho numa condição tão limitadora fez desmoronar muitos sonhos de família que estávamos construindo, mas nem houve tempo para chorar, porque o diagnóstico do autismo infantil nos lançou numa gigantesca sequência de atividades clínicas e de reabilitação.

Passados tantos anos, posso dizer que o relacionamento com este filho me recompensou amplamente os esforços e o sofrimento vivido. Juntos, nós viajamos, fomos a restaurantes, convivemos com as pessoas. O autismo de Federico nunca me privou da minha experiência de pai, mas num certo sentido a transformou, obrigando-me a um esforço e a uma dedicação maiores, mas proporcionando-me também muitas alegrias.

O que espero a seguir é ver o livro de Federico impresso, pronto para ser lido por quem quiser.

Pequenos passos
Como Federico aprendeu a escrever

16 de dezembro de 2001

Inicia-se a aventura de escrever. Depois do primeiro teste, constatamos que Federico já tem muita coisa na cabeça e possui uma grande capacidade visual-perceptiva. Começa a escrever, com esforço, mas convencido.

FFFUUUNNIIILL
PPPPPIPAAA
LLLEEEEEEEMMEE
LLIIIMMÃÃÃO
MÃÃOS
LAREIRA
VINHO
SALADA
LIMA
RÉGUA
URSINHO POOH
ÍNDIO
ILHA

24 de março de 2002

guirlanda
guizo
guitarra
gula
guacamole

Mãe: "Viu como você é capaz? Sabe tudo. Só precisa se exercitar. Para você é mais difícil do que para os outros?"
Federico: "Sim"
"Quer falar um pouco com a mamãe?"
"Sim"
"Fez alguma coisa de que gostou na academia com os seus amigos?"
"Aosmigos"
"O que fez com os seus amigos?"
"Brinqueideroubabandeira"
"De quem gosta mais: Leonardo ou Valerio?"
"Leonardo"
"Marianna é sua amiga?"
"Sim"
"Do que brinca com Marianna?"
"Eunãosoucapaz"
"Marianna brinca de jogos falados?"
"Sim"
"Com quem Marianna brinca? Quem é amigo dela?"

```
"BrincaLeonardo"
"Leonardo brinca com Marianna? Com Marianna vocês pu-
lam amarelinha?"
"Sim federicopulaamarelinhacommarianna"
"Está cansado? Chega?"
"Chega"
```

10 de agosto de 2002

Em agosto de 2002 a família sai de férias e vai a Palinuro. É verão e repentinamente, numa noite, Federico – que quase nunca fala – pergunta em voz alta entre lágrimas: "Mamãe, o que eu tenho?". E depois de uma breve explicação sobre sua condição: "Por que logo eu?"; enfim, concluiu, comentando: "Pobre menino!". Segue a comunicação em 10 de agosto em que a mamãe pede a Federico que compartilhe algumas coisas que sente. Ele concorda; além disso, confirma ter entendido a explicação: é a primeira vez em que escreve "autismo".

```
Mãe: "Do que você gosta quando está na praia?"
Federico: "Areia quente"
"Você gosta de pular as ondas?"
"Sim"
"Por quê?"
"Você sabe porque estou feliz"
"Mary Poppins se parece com quem?"
```

"Com você"

"Por que se parece com a mamãe?"

"É forte e alegre"

"Você sabe que no mundo existem muitas crianças que têm as suas dificuldades? Sabe como se chama o seu distúrbio?"

(silêncio)

"Não quer falar sobre isso?"

"Não porque não. Mmeinpopisse. Mary Poppins."

(depois de um momento, Federico escreve espontaneamente) "Autismo."

"Você é realmente bem esperto, mais esperto do que todos nós. A mamãe às vezes tem medo por você. Você faz coisas perigosas. Vai prestar atenção? Quer me dizer alguma coisa? Sabe que eu amo você? Mary Poppins no fim vai embora. A mamãe não vai embora. Eu estou com você. Sabe disso?"

"Sim"

"Eu vou embora só por pouco tempo e para trabalhar ou fazer compras. Sabe disso?"

"Federico"

17 de novembro de 2002

São mostradas a Federico algumas imagens de objetos de uso comum; depois lhe são feitas perguntas por escrito. Está surpreendentemente imerso na realidade cotidiana.

```
"O que é? Como se chama?"
"Um secador de cabelos"
"Para que serve?"
"Para secar os cabelos"

"O que é? Como se chama?"
"Um ferro de passar roupa"
"Para que serve?"
"Para passar as roupas"

"O que é? Como se chama?"
"Uma máquina de lavar"
"Para que serve?"
"Para lavar a roupa"

"O que é? Como se chama?"
"Uma torradeira"
"Para que serve?"
"Para esquentar o pão"

"O que é? Como se chama?"
"Uma jarra"
"Para que serve?"
"Para por água"
```

"O que é? Como se chama?"
"Sacos de lixo"
"Para que servem?"
"Para por o lixo"
"Sabe o que é o lixo?"
"Coisas para jogar fora"

"O que é? Como se chama?"
"Uma luva"
"Para que serve?"
"Para pegar panelas sem se queimar"

"O que é? Como se chama?"
"Um pano de pratos"
"Para que serve?"
"Para enxugar os pratos e as mãos"

25 de janeiro de 2005

Este é um diálogo de Federico sobre sua passagem da Escola Primária, em que ia muito bem, para a Escola Secundária de Primeiro Grau. Está sereno, apesar de temer muito as mudanças.

Mãe: "O que fez a cavalo ontem?"
Federico: "Cavalguei o Beach Boy"
"Quer ir para a escola de Ari e Leo no ano que vem?"

"Sim, Ari e Leo vão me ajudar"
"Não estarão na sua classe porque são mais velhos.
Você vai ter os seus amigos, Valerio, por exemplo.
Quer estar na classe de Valerio?"
"Sim"
"Os professores também serão diferentes. Tem medo de
coisas novas?"
"Sim mas vocês vão me ajudar"
"Confia em nós?"
"Sim"
"Fica triste por deixar os professores Ermanno, Onia,
Deborah e Chiara?"
"Sim mas ficaremos em contato"
"O que acha de escrever à mão nos cadernos da escola?"
"Difícil porque não escrevo bem."
"Fica com raiva por ter de escrever à mão, em vez de
usar o computador?"
"Não mas no computador é melhor"
"Tenho a impressão de que você se expressa melhor e
com frases mais longas e completas no computador. É
verdade?"
"Sim"
"O que quer me dizer ainda?"
"Sou feliz assim"
"O que você gostaria que a mamãe fizesse por você? O
que não sou capaz de fazer por você?"
"Entender quando estou agitado"

121

"O que deveria fazer para ajudar quando você está
agitado?"
"Me acalmar"
"O que deixa você feliz?"
"Estar com você"
"Por que perguntou ao papai: Você acha que eu sou um
menino estranho?"
"Porque pareço"
"Quando você parece estranho?"
"Quando falo demais"
"Não consegue deixar de fazer isso?"
"Não porque estou nervoso"
"O que, por exemplo, deixa você nervoso?"
"Coisas novas"

28 de janeiro de 2005

Federico – depois de ter escrito somente com a
mãe durante anos – aceitou pela primeira vez que o pai
e os irmãos Leonardo e Arianna estivessem presentes
e lhe fizessem perguntas, às quais concordou em responder. Tínhamos intuído que – quando chorava – se
comparava ao corcunda de Notre Dame, conhecido protagonista de um desenho animado.

Ao terminar, estava felicíssimo porque tinha se comunicado com todos. Foi dormir feliz e assim acordou na manhã seguinte; abraçou a mãe e lhe disse: "Eu amo você, mamãe".

```
Federico: "Federico"
Mãe: "Por que está chorando?"
"Porque estou triste"
"No que está pensando?"
"Eu sei no quê"
"Não quer nos contar?"
"Não devo dizer"
"Você está triste e a mamãe quer saber por quê. No que
pensa quando chora?"
"Em mim que sou autista"
"E nós te amamos assim como você é. Não nos falta
nada. Federico é bonito assim. Você acredita?"
"Sim"
"Você vai ser feliz como nós. Quer?"
"Sim"
"Você está pensando num personagem de desenho animado
enquanto chora?"
"Sim, no corcunda"
"Eu tinha adivinhado que era o corcunda. Mas ele é
feio e deformado, você é saudável e bonito, o mais
bonito de todos nós. Sabe disso?"
"Sim, eu sei"
"Ser como você é apenas ser diferente, não inferior.
Nós amamos você. O que quer nos dizer?"
"Eu amo vocês"
```

Arianna: "Você gosta de escrever comigo e o Leo?

Federico: "Leo"

Leonardo: "Você sente tristeza quando chora?"

Federico: "Sim"

Leonardo: "Do que gosta quando brincamos?"

Federico: "Leo é divertido"

Arianna: "Eu e Leo estávamos chorando porque estamos contentes de que você fale. Sabia?"

Federico: "Sim"

Mãe: "Quer terminar dizendo alguma coisa?"

Federico: "Vocês sabem que eu amo vocês"

Pai: "Quando estamos juntos, eu e você, tem alguma coisa que o papai não entende a respeito de você ou alguma coisa em que eu possa melhorar?"

Federico: "Melhorar não porque você é excelente t e e"

Papai: "Obrigado, Federico, quando diz o que pensa, para mim, é sempre uma grande alegria"

Federico: "É viver com você ê ê ê ê!"

Papai: "Mais ou chega?"

Federico: "Chega", *diz falando.*

26 de setembro de 2005

O texto a seguir foi composto por Federico no início do primeiro ano da Escola Secundária de Segundo Grau: foi pedido que os alunos se apresentassem. Foi a primeira vez que Federico aceitou falar de si mesmo.

A minha história

Nasci em Roma em 22 de novembro de 1993; o meu pai se chama Oreste, a minha mãe, Paola, os meus irmãos (gêmeos) Arianna e Leonardo.

Quando criança eu era pequeno e triste porque não conseguia falar mas vocês gostavam de mim do mesmo jeito.

Com dezesseis meses, fui para o jardim de infância com Patrizia, a educadora que ainda me acompanha para cavalgar. O meu cavalo se chama Beach Boy. No berçário eu brincava e comia.

Depois fui para a Pré-Escola e não gostei porque professores demais vieram me ajudar, demais e mudavam sempre.

Em 2000 cheguei na Escola Primária e encontrei muitos amigos e os meus professores Ermanno, Onia, Chiara, Donatella, Deborah, Marzia.

Nestes anos gostei de ir a Londres a Viena ou Palinuro com o bote inflável.

Agora estou na Escola Secundária e espero me dar bem.

28 de fevereiro de 2006

Pai: "Por que às vezes você fica assim tão triste, chora ou se desespera se alguém sai de casa?"

Federico: "Porque me sinto triste"

"E por qual motivo você se sente triste?"

"Porque lamento a porta distante"

"O que quer dizer? O que é a porta distante?"

"Porta para entrar no mundo dos normais"

"Você tem razão e eu entendo a sua dor. Mas deve pensar que está melhorando a cada dia. Eu, a mamãe, o Leo e a Ari estamos sempre perto para ajudar você a crescer e melhorar, para convidar os seus amigos para vir aqui, para jogar boliche, para comermos carne juntos no restaurante. Não acha que a vida pode ser boa?"

"Não porque sou autista"

"Eu vi que até pouco tempo atrás você não era capaz de jogar no computador com os seus amigos. Mas, no sábado passado, vocês jogaram bem juntos e você disse a Valerio: 'Vamos, Valerio, coragem'- convidando-o a pegar o mouse do PC. Em minha opinião, isso é um pedaço de vida e de felicidade ganha. A sua melhora não pode acontecer toda de uma vez, mas arrancando um pedacinho pequeno do autismo por vez. Saber jogar com os amigos é um pequeno pedacinho, mas muito importante. O que você acha?"

"Acho que tem razão"

"Eu acho que não deve ficar triste, deve ficar bastante concentrado e empenhar-se para melhorar e alcançar as capacidades dos seus amigos. Você é muito inteligente e pode fazer muita coisa. O que acha?"

"Acho que tem razão"

"E por que fica tão nervoso na escola?"

"Porque lugar para estudar"

"O estudo também é uma arma para combater o autismo. Ajuda você a entender o mundo e saber administrá-lo, até sozinho. A escola constrói a sua autonomia. O que acha?"

"Acho que tem razão"

9 de maio de 2007

No segundo ano da Escola Secundária de Segundo Grau, a professora de Letras passa um tema de redação. O título é: "A minha vida daqui a vinte anos".

Daqui 20 anos eu terei 33. Vou viajar pelo mundo para ver mulheres grávidas para entender os filhos delas sabem falar e para tratar o autismo. Eu brincarei com os filhos delas para ajudá-los a crescer e aprender a falar.

Todas as crianças deveriam ser capazes de proporcionar ajuda para ter um mundo e uma sociedade mais feliz.

Ainda acompanharei meu amigo Alessandro ou Alessandro me acompanhará.

Com a força da amizade vou ajudar todos a melhorar.

Quando todos tiverem suspendido as terapias e estiverem bem, então serei feliz.

E, depois, vou organizar uma grande festa pelo fim do autismo.

Irei encontrar os meus pais diária ou semanalmente.
Quando uma criança precisar de mim, eu estarei ali
para ajudá-la.
Muito ansioso eu vou melhorar e vou falar.

***

Em fevereiro de 2010 surge uma correspondência via e-mail entre Federico e Gabriele, um colega da mesma idade que conheceu no grupo de preparação para a Crisma, na paróquia de San Frumenzio. É a primeira vez que Federico tem um diálogo articulado e contínuo à distância. Os garotos mantiveram a amizade e até hoje se encontram.

19 de fevereiro de 2010

Olá, Fede,
Sou o Gabriel do terceiro ano da Crisma.
Finalmente posso escrever-lhe, pois acabei de receber meu computador de volta. Antes de tudo, me apresento um pouco melhor. Gosto muitíssimo de cinema e música. Na verdade, há seis anos filmo curtas-metragens com meus amigos. Adoro tocar piano e música pop. Jogo futebol frequentemente, sou apaixonado por política e sempre procuro contestar quem não respeita as minhas ideias. Devo lhe dizer que fiquei muito surpreso

escutando as frases que você escreve no computador, são realmente muito sinceras e profundas. Percebi que temos muitas ideias em comum e entendi que você já percorreu uma boa parte da jornada que todos nós temos de enfrentar.

Domingo passado, fomos à prisão de Rebibbia, animamos a missa com cantos e as Escrituras. Depois, realizamos um encontro com os presos que tiveram permissão para falar conosco.

Fiquei muito impressionado com o que compartilharam essas pessoas, que, embora tenham provocado muito sofrimento no passado, hoje procuram uma segunda oportunidade. Fiquei comovido ao ouvir as histórias desses homens, que passaram metade de suas vidas na prisão e, agora, estão muito arrependidos por não terem podido aproveitar os momentos de amor que as experiências com os filhos proporcionam e por terem, sem um motivo válido, jogado fora a belíssima experiência que é a vida.

Para mim você é realmente um garoto muito forte e nas coisas que escreve se percebe uma grande profundidade. Espero que esteja se adaptando às dinâmicas de grupo. A gente se vê.

19 de fevereiro de 2010

Olá, Gabriele,

Estou muito confiante em relação ao nosso relacionamento, porque vi que quando esperamos o início do encontro do nosso grupo na paróquia, você vem sempre me procurar para tentar se comunicar comigo. Eu muitas vezes fujo um pouco de você porque tenho medo de não ser capaz de me comunicar oralmente. Porém se você tiver a paciência de continuar a me procurar, espero que o medo passe e que eu consiga dizer-lhe alguma palavrinha.

Como gostaria de conseguir falar com você e com todos os meus colegas.

Preciso que vocês me ajudem a sair da minha prisão: o autismo. Mesmo que eu pareça distraído, falando comigo mesmo, para administrar a minha ansiedade, acreditem que eu estou ali com vocês, falem e me envolvam no relacionamento com todos.

Veja, eu sou muito sozinho, porque não conseguir me comunicar oralmente é uma grande limitação. Não consigo nem entender como vocês, não autistas, encontram na cabeça todas aquelas palavras tão certas e as dizem tão velozmente e também com expressões faciais que completam o que desejam comunicar. Para vocês é normal, mas para mim parece um milagre. Com muito esforço, eu consigo escrever uma letra por vez e só se meu pai está ao meu lado.

Mas eu também sei fazer coisas que são difíceis para vocês, como falar e escutar ao mesmo tempo, ou escutar e compreender duas pessoas que falam ao mesmo tempo de coisas diferentes. Em resumo, minha mente funciona de um jeito diferente da dos outros e isso me cria dificuldades.

Espero que fiquemos amigos apesar das diferenças entre nós.

Se houver qualquer coisa que eu possa fazer por você, peça-me, assim a minha amizade poderá ser concreta e, portanto, verdadeira.

Espero que me escreva de novo. Se quiser, pode compartilhar este e-mail com os outros garotos e com os catequistas. Seu amigo,

Federico

1º de março de 2010

Olá, Fede,

Você não deve se preocupar e ficar agitado se não consegue se expressar oralmente. Tenho certeza de que, lentamente, todos os relacionamentos podem crescer e que nós poderemos encontrar juntos um meio para nos comunicarmos melhor. Quando conseguir ter de novo o computador, vamos poder trocar e-mails mais frequentemente e compartilhar emoções cada vez mais profundas.

Também não deve se preocupar conosco; quando você passar por um momento de confusão ou não conseguir comunicar o seu pensamento, fique tranquilo. Pense que nós não queremos apressá-lo, mas estamos tentando, com serenidade, ajudar você.

Mesmo que você não consiga se comunicar, tenho certeza de que, através do e-mail, a nossa escrita será como a fala. Eu compreendo a sua grande dificuldade, mas também entendo o seu alto grau de maturidade emocional; se conseguirmos, e eu acredito que será assim, escrevendo-nos com frequência, poderemos sair juntos da "sua prisão".

A gente se vê nesta noite,

Tchau.

3 de março de 2010

Oi, Gabriele,

Obrigado por ter escrito de novo e por sua vontade de se comunicar comigo.

Hoje fui ao Liceu Nomentano, onde frequento o segundo ano. Na escola tenho ótimas notas e tudo que estudamos me parece fácil de entender e lembrar. Mas tenho que me esforçar muito quando é preciso mudar de situação e atividade. Toda mudança me deixa agitado. Sinto-me desorientado no momento da mudança e, às vezes, sou atacado por uma espécie de tique, como falar sozinho repetindo histórias dos desenhos animados que conheço bem e que são a minha única estratégia para me tranquilizar.

A vida para mim é um pouco difícil porque neste mundo é normal fazer coisas que para mim são quase impossíveis. Há situações em que você também sente dificuldades? Espero que me escreva logo. Agora tenho em você um amigo com quem me comunicar.

Federico.

5 de março de 2010

Caro Federico,

Agradeço sua carta.

Eu frequento o terceiro ano do curso clássico no Liceu Aristofane, onde tenho notas bem altas. Uma vez por semana faço teatro na escola e uma vez por ano faço, com os meus amigos, um curta-metragem. Eu sou o diretor e o protagonista. Gosto de mágica e também de estar no meio de pessoas e conhecer gente nova; eu me divirto dirigindo espetáculos (como aquele da semana passada na paróquia).

Sou uma pessoa muito orgulhosa e, portanto, morro de medo de ser rejeitado; isso me leva a ter medo de me abrir com as pessoas de quem gosto.

Não suporto estar perto de pessoas mal-educadas; o respeito recíproco é o elemento necessário tanto para um relacionamento quanto para uma sociedade. Fico muito irritado quando meus amigos me traem; fico real-

mente muito decepcionado. Às vezes o fato de ser orgulhoso demais me leva a ter uma grande dificuldade para pedir ajuda a alguém. Se a pessoa não é muito íntima, tenho medo que pense mal de mim e a minha parte orgulhosa me freia e não me deixa livre para me abrir completamente com os outros.
Tchau e OBRIGADO,
Gabriele.

8 de março de 2010

Olá, Gabriele,
Obrigado pelas coisas que me escreve sobre você. Lendo-as me parece que estou começando a conhecê-lo melhor. Eu também sou orgulhoso e, às vezes, também um pouco teimoso. Não suporto errar, porque quero conseguir fazer tudo como os outros. Eu tendo a atribuir os meus erros à minha deficiência e, então, fico com muita raiva. Gosto muito de jogar boliche com meu pai. Às vezes vai também um professor que nos ensina a jogar bem. Você gostaria de vir conosco um dia? É um jogo em que não é preciso falar e, portanto, para mim é ótimo.
A gente se vê hoje à noite.
Federico.

9 de março de 2010

Oi, Fede,

Adoro boliche; faz muito tempo que não jogo. Gostaria de ir com vocês.

Eu também gosto de pingue-pongue, sou muito bom nesse jogo.

Errar é ruim se a gente vê só o lado negativo; quando eu erro, fico com raiva porque sinto vergonha, mas se não vivesse competindo certamente me sairia melhor. Você é competitivo?

Quando jogo, eu me transformo em outra pessoa e, principalmente, quando perco, sobretudo de algumas pessoas, viro um "rato".

Tchau.

10 de março de 2010

Caro Gabriele,

Eu não sou competitivo com os outros, mas comigo mesmo, porque gostaria de conseguir sempre fazer o que os outros, que não são autistas, fazem. Tenho uma ideia diferente do que eu deveria conseguir fazer em comparação ao que efetivamente consigo. Por isso fico com muita raiva quando os outros me tratam como estúpido ou como uma criancinha.

Também fico com raiva quando não entendem que quando fico agitado, corro ou falo comigo mesmo é porque estou ansioso devido às situações que vivencio. Em poucas palavras, não é fácil ser autista num mundo de não autistas.

Se me passar o número do seu telefone, meu pai pode ligar para combinarmos de ir jogar boliche juntos.

Paro por aqui, para mim é cansativo escrever na sua linguagem com tantas palavras. Mas você pode escrever mais, se quiser. Você é o único colega que me procura. Até logo, meu amigo.

Federico.

11 de março de 2010

Olá, Fede,

Eu compreendo a sua ansiedade e a forte sensação de impotência por culpa do seu autismo, mas não se preocupe. Você vai ver que, com o tempo, as relações de amizade também irão melhorar. Eu não sou competitivo comigo mesmo, porque (ao menos isso) não tenho medo dos meus limites, ainda que odeie as pessoas que vivem julgando os outros. A meu ver, se uma pessoa quer ajudá-lo, não deve nunca fazer isso com um sentimento de superioridade ou de saber tudo. Deveria procurar entender o verdadeiro problema e, com serenidade e compaixão, tentar ajudar. Com julgamento não se ajuda, se destrói.

Escute, você sabe escrever com a caneta? Isto é, você faz as lições de casa no computador ou no papel? Mando-lhe o meu número do telefone celular. Obrigado por seus e-mails, Tchau.

14 de março de 2010

Caro Gabriele,
Eu escrevo muito melhor com o computador do que com a caneta. Na Escola Primária a professora trabalhou muito para me fazer aprender a escrever à mão, mas o máximo que consegui foi escrever em letras de forma muito grandes e tremidas. Além disso, me esforçava para escrever em linha reta, mas a linha subia e descia. Escrever à mão é outra coisa que me espanta em vocês, não autistas. Fico maravilhado, como observasse um pianista que toca velozmente. Parece quase impossível. Atualmente, na escola, escrevo com o computador e à mão marco as respostas de perguntas de múltipla escolha. Quanto ao boliche, meu pai diz que podemos ir na próxima quinta-feira à tarde. Pedirei que ele ligue para você para combinar.
Espero que você goste da minha companhia.
Federico.

17 de março de 2010

Olá, Gabriele,

Fiquei muito contente hoje por você ter ido jogar boliche conosco. Assim a nossa amizade pode crescer e nos conhecermos melhor. Vi que se deu bem com meu pai, falando de muitas coisas e também de interesses de vocês. Como gostaria de ter participado da discussão com você e não ser prisioneiro da minha incapacidade de comunicação!

Sabe, Gabriele, eu queria tanto aprender a falar. A vida é pobre quando se está sozinho, mas eu tenho sorte porque tenho uma família que me ajuda, os meus amigos da escola e do grupo de Crisma.

Tenho dois amigos antigos, Valerio e Alessandro, que estão comigo desde a Escola Primária e agora surgiu você, que é entusiasmado por uma grande vontade de me compreender. Sabe, a maioria das pessoas fica bloqueada diante de mim, porque não sabe como me tratar. No entanto, em você vejo a vontade de entender e de encontrar uma forma de se comunicar comigo. Você é uma pessoa especial e tem todas as características para se tornar um grande amigo.

Obrigado,

Federico.

2 de maio de 2010

Olá, Fede,

Vejo que, a cada encontro do grupo de Crisma, você consegue participar mais das dinâmicas do debate, graças às suas preciosas intervenções com o computador. Basta ver o encontro passado para perceber como você participou bem do diálogo.

Se quiser, gostaria de saber um pouco melhor o que pensa das respostas dadas pelas outras religiões e se elas podem coexistir com a religião católica. Gostei muito de suas intervenções e espero que amanhã nos possa presentear com outras.

Obrigado,

Gabriele.

3 de maio de 2010

Olá, Gabriele,

Fiquei muito contente de encontrar todos vocês na missa do domingo. Parece que quase todos estão superando a dificuldade de não saber como se relacionar comigo e que cada um está encontrando serenamente o seu jeito. É ótimo para mim superar a minha solidão e realmente fazer parte de um grupo, e não apenas ser apoiado na presença de vocês. Espero que queiram todos continuar assim e ir adiante com serenidade e convicção na construção de uma amizade comigo, apesar da minha grande diversidade.

Quanto ao tema das religiões que você me coloca, é difícil responder. Seria necessário estudar muito todas as religiões. Só posso dizer que cada um de nós é educado na religião de sua família e poucos escolhem uma religião diferente. Mas, se uma pessoa busca Deus com todo o coração, tenho certeza de que, aos poucos, ele se deixa encontrar, tanto por um muçulmano como por um hindu. Infelizmente, muitos que se dizem fiéis não buscam verdadeiramente a Deus, mas desejam atraí-lo para o seu lado, até mesmo para coisas horríveis, como matar inocentes com o terrorismo.

Hoje à noite eu não estarei presente porque vou à festa de uma querida colega de escola que faz aniversário. Mas, mesmo ausente, creio que estarei presente com o meu grande desejo de amizade por cada um de vocês, sem excluir ninguém. Você é um grande amigo e uma pessoa rara porque, apesar de todas as minhas estranhezas, nunca deixou de acreditar na pessoa escondida atrás do meu autismo nem deixou de me procurar.

Federico.

Apêndice

Os textos a seguir relacionam-se ao meu percurso pessoal de reflexão existencial e religiosa. Começam com as coisas mais significativas escritas durante os encontros do meu grupo na paróquia, prosseguem com os diálogos e as reflexões surgidas da experiência na Comunidade Monástica de Bose e concluem com algumas das minhas reflexões "por tema" um pouco mais articuladas.

Boa parte desse material diz respeito à minha busca de Deus, conduzida no âmbito do cristianismo e, mais particularmente, da Igreja Católica, mas gostaria que ao ler ninguém se sentisse excluído, nem fiéis de outras religiões ou confissões cristãs, nem ateus ou agnósticos.

Vejam, eu não posso ser universal. Eu, como todo ser humano, exprimo um caminho de vida pessoal, próximo ou semelhante ao de alguns e certamente distante, ou mesmo longínquo, de outros.

Mas desejo oferecer minha experiência pessoal de vida, não compartilhada por todos em alguns temas ou escolhas, idealmente a cada ser humano, sem excluir ninguém, e espero realmente que todos possam acolhê--la, mesmo que nem todos possam partilhá-la.

Creio que se devam derrubar as barreiras entre os crentes das várias confissões cristãs, superar os sulcos que nos dividem entre fiéis de diversas religiões e deixar para a história as suspeitas e desconfianças que dividem crentes e ateus.

Neste livro tratei muitas vezes da necessidade da inclusão de pessoas diferentes, mas esta não será jamais alcançada enquanto não estivermos dispostos a escutar e acolher cada ser humano na sua especificidade, sem excluir ninguém.

Quanto mais o leitor estiver distante das convicções expressas por mim aqui, mais será bem-vindo para mim.

Portanto, espero que todos os leitores também queiram ler estas páginas que, para mim, são muito importantes. Ninguém quer convencê-los de nada. Desejo somente lhes oferecer as minhas reflexões mais íntimas e esperar que possam ser acolhidas.

Federico

Pobreza
25 de janeiro de 2010

Acho que a pobreza é uma coisa terrível, quando falta o necessário para a dignidade humana. É uma coisa boa, quando se trata de distanciar-se das coisas materiais para ficar mais livre para amar.

Livre do apego às coisas, pode-se amar. Se eu busco a felicidade na posse das coisas, não posso buscá-la na minha doação aos outros. Cada um escolhe a direção na qual buscar a autorrealização.

Estou convencido de que na posse de coisas belas e caras posso encontrar grande satisfação, mas a felicidade é outra coisa e nasce do amar, do deixar de lado a si mesmo para ser uma dádiva para os outros.

A Eucaristia
21 de março de 2010

Farinha e água são dádivas de Deus, que com o nosso trabalho se transformam em pão. O pão é compartido e, pois, doado e oferecido a Deus. Jesus o transforma em si próprio, e quem o come se transforma em Jesus, embora permanecendo ele próprio. Assim, Jesus renova e atualiza a dádiva de si para nós.

Eu, quando recebo a comunhão, sinto que entro em relação com Deus e encontro a paz do coração.

A Semana Santa
22 de março de 2010

Domingo de Ramos: Jesus entra em Jerusalém em meio ao júbilo da multidão. O amor das pessoas por ele é superficial e passará logo.

Quinta-feira: Jesus sente o peso de seu fim e reúne os seus melhores amigos para a ceia. Ele lhes dá a Eucaristia, sua presença neste mundo para sempre. Sofre, reza e fica sozinho no Getsêmani.

Sexta-feira: é processado pela multidão e pela justiça cega dos homens. Dá a vida por nós.

Domingo: é o primeiro homem a ser ressuscitado por Deus.

Eu queria saber por que Jesus se sente abandonado por Deus quando está na cruz e antes de morrer.

Com a sua paixão, Jesus atinge cada pessoa que sofre. Está ali perto, ama e sofre conosco. Veio a nossa procura em nossa dor.

As religiões
26 de março de 2010

O ser humano não pode aceitar que a experiência de toda uma vida acabe em nada.

Por que existem, então, religiões diferentes, se as necessidades do homem são universais, iguais para todos?

São perguntas maiores do que nós, mas temos de enfrentá-las, mais cedo ou mais tarde.

As respostas podem ser buscadas em cada religião. A religião é um meio, um instrumento. O fim é a busca de Deus. Um hinduísta o busca como eu. Deus se faz achar aos poucos, por aquele que o busca sinceramente.

Meu relacionamento com Deus
17 de maio de 2010

Em alguns momentos consigo sentir Deus próximo, em outros me sinto só e incapaz de perceber sua proximidade. Fico feliz que Jesus tenha vindo me procurar. Então sou importante para ele. Quando grita na cruz "por que me abandonaste", é totalmente um homem como eu.

Quem ama participa da vida de Deus que é amor. Servir aos outros e amá-los é um caminho em direção a Deus.

O filho pródigo
24 de maio de 2010

Eu também entendo o filho que quer liberdade.

Às vezes, depois de uma sensação de vazio, você sente que pertence a Deus.

Ser cristão
18 de outubro de 2010

É uma meta.
A escolha pessoal de se abrir à vida de amor de Deus,
que já envolve tantas pessoas. É como ouvir uma música
e participar da dança.

Eu aos vinte e cinco anos
6 de dezembro de 2010

Quando eu fizer 25 anos terei um carro esporte conver-
sível. Nos belos dias de sol, vou dirigir com o vento
no rosto. Depois, vou estacionar em S. Frumenzio e
serei o catequista de um grupo de crianças autistas.
Nunca há autistas na igreja, eu sou o único e quero
ser o primeiro de muitos.
Mais tarde terei aprendido a me relacionar e a falar
um pouco melhor e nós todos ainda estaremos juntos.
Seremos um belo grupo, com uma história de amizade
entre nós e relações profundas.
Também iremos a restaurantes juntos.

Fé e amizade
28 de dezembro de 2011

O que é a fé para mim?
A fé é crer em Deus, viver em relação com ele.
Eu me esforço em crer porque sou autista, me esforço tanto para viver e não entendo por quê. Sinto muito, peço desculpas por escrever uma coisa tão triste. Não sou capaz nem de acolher a amizade e, às vezes, por causa da ansiedade, trato mal os amigos de quem tanto gosto, como aconteceu antes de subir.

No fim do encontro, Gabriele escreve para Federico e ele responde.

Gabriele: "Agradeço suas palavras, que em todas as ocasiões me proporcionam clareza e paz. Acho que nosso relacionamento cresceu muito, desde a primeira vez em que nos vimos, e agradeço também por isso. Se quiser, podemos fazer a nossa amizade crescer cada vez mais."
Federico: "Sinto tanto que, ao se aproximar, o meu medo de não ser capaz o afaste! Como gostaria de ser capaz de falar com você."
"Eu entendo você. Posso compreender o quanto é difícil para você não poder se comunicar. Mas vamos tentar! Vamos tentar superar essas barreiras de comunicação para conseguir criar um relacionamento sincero. Não se preocupe por hoje, fique tranquilo!"
"Eu gosto de você."
"Eu também."

A esperança
4 de abril de 2011

Esperança é sentir que as coisas podem melhorar. O amor gera a esperança em quem se sente amado. Quando você se sente verdadeiramente amado, isso abre uma perspectiva de esperança no seu coração. Se ninguém o ama, então, você fica desesperado.

A esperança do cristão, para mim, é crer e sentir profundamente que o amor que colocamos nas situações concretas da vida pode verdadeiramente mudá-las para melhor, porque amar é participar da vida de Deus. O amor é presença de Deus que cura a humanidade.

A natureza de Deus
2 de novembro de 2011

Deus é Amor. Este amor não podia ficar no interior de sua família, que é a Trindade, mas devia se doar ao exterior de si. Este amor saído de Deus criou o cosmos, o tempo, o espaço e o percurso da evolução, até o homem, feito à imagem do próprio Deus.

O amor cria tudo, anima tudo, sustenta tudo.

A história é neutra, a Boa-Nova quer me envolver.

O Evangelho é o que Deus queria dizer ao homem. Jesus encarna esta mensagem e a faz pessoa concreta.

O Evangelho, se for lido só com a cabeça, é um livro humano muito pouco significativo, mas se você estiver disposto a abrir o coração e se deixar envolver, pode começar a mudar a sua vida para fazer de você uma pessoa melhor.

O meu profeta pessoal
16 de novembro de 2011

O profeta de Deus na minha vida foi a minha família, porque me acolheu, mesmo eu sendo autista. Ajudou-me com amor. A minha família acreditou que o amor podia ser maior e mais forte do que a inquietude do autismo. Agora, eu acredito que o amor seja a maior dimensão da vida, porque eu o experimentei na minha pele. Hoje, os médicos se espantam com o meu progresso, eu sei que o amor cura e, sobretudo, abre para a esperança.

Vamos desenhar o Reino de Deus
30 de novembro de 2011

Eu não sei desenhar o Reino de Deus. Se fosse um artista, eu o desenharia como uma grande luz que envolve muitos homens, mulheres, jovens e crianças e muda o percurso de suas vidas. Antes era rigidez, a vida sempre igual, os defeitos imutáveis e, principalmente, o próprio egocentrismo triste da solidão. Depois chega a luz, e as pessoas recebem a novidade e a beleza. Põem-se a caminho, na busca que mostra a origem daquela luz e descobrem que Deus é amor. Descobrem-se irmãos e irmãs entre si e a dádiva de si mesmo em todo instante se torna o caminho de realização de uma vida. O ser humano nasce egocêntrico e se sente o centro do próprio mundo. Afirmando a si mesmo e procurando dominar os outros, pensa que pode atingir a felicidade, mas não é assim. Deus, encontrando esse ser humano, lhe diz: "Eu o amo, venha amar você também e ser uma dádiva para os outros". Em minha opinião, a conversão é decidir abandonar o próprio egoísmo e ser uma dádiva. Crer nessa estrada que Deus propõe ao homem.

A Lei
18 de janeiro de 2012

Acho que Deus se entristece porque ninguém se pergunta a razão de suas leis. É preciso procurar o coração de Deus e não se tornar um fantoche que obedece a ordens. O amor por Deus e pelo próximo é a primeira regra e a alma viva de todas as outras regras.

Pensar ser justificado pelas regras ocorre devido ao medo de se deixar tocar e mudar o coração. Pensa-se que seja possível se salvar sem mudar verdadeira e profundamente. Se, porém, o meu coração muda abrindo--se para Deus, também os meus comportamentos mudarão por consequência e será natural desejar respeitar as regras de justiça.

A refeição dos desejos
18 de abril de 2012

Entrada
Libertação do autismo (saber falar, ser como vocês).

Primeiro prato
Superar a ansiedade e o medo (não dizer a meus amigos "quem é mau").

Segundo prato
Correr livre (circular livremente, ver gente, ser um azougue como minha irmã).

Acompanhamento
Beber a vida e captar seus significados mais profundos.

Sobremesa
Conseguir dizer-lhes e fazer com que percebam que eu gosto de vocês.
Não ser mais desajeitado e incompreensível, mas solto, claro.

As palavras do Credo
7 de novembro de 2012

Creio. Eu aceito que a minha vida não seja invariável, mas sim trazer no coração um levedo que fermenta continuamente as minhas vivências.

Pai. Deus não prescinde de mim e não quer ser Deus independentemente. Acreditemos num Deus em relação conosco.

Onipotente. Nada é impossível para o amor. Quem ama produz respostas.
Deus não ama todos do mesmo jeito, mas cada um de um modo diferente, segundo sua especificidade. O amor não é massificante. Ama todos com a máxima intensidade e independentemente dos méritos de cada um, caso contrário não seria amor.

Criador. O amor talvez seja criação contínua, não pode não ser fecundo.

Estar à luz de Jesus
28 de novembro de 2012

Quanto estou à luz de Jesus?
Para mim é difícil, por ser tão limitado. Nem sei falar. Porém, o pouco que sei fazer, como escrever coisas profundas, é a serviço dos meus amigos. Sou uma pequeníssima luz, mas creio que justa, da mesma natureza de Jesus.
Quanto sinto a luz em mim?
Muito, quando dou algo de mim. Nunca, nos outros momentos.
Quanto sou capaz de acolher a sua luz?

Não sei.
Tenho medo do escuro?
Não. Gostarei de estar em seu interior e ser capaz de iluminá-lo.

O meu silêncio
6 de fevereiro de 2013

Eu quero viver no silêncio como Deus. Fazer do meu autismo um vazio do homem que deseja ser preenchido pela presença de Deus.

Eu vivi o vazio de mim mesmo quando era criança e totalmente fechado no autismo; eu era prisioneiro e só percebia o amor de quem estava próximo de mim.

Que Deus venha preencher a minha solidão.

Em Bose

A minha primeira permanência na Comunidade Monástica de Bose foi em agosto de 2012; eu estava com os meus amigos da paróquia.

Miriam, uma jovem de Prato, pediu para falar comigo. Eis o texto da conversa.

Miriam: "Pedi para me encontrar com você porque tenho um sonho. Eu trabalho em um centro com jovens com diferentes dificuldades, também como você, e a sua capacidade de falar pode me ajudar. Meu sonho é realizar alguma coisa *com* os jovens e não só *para* eles. Não sou eu quem deva fazer alguma coisa por eles, mas para mim é um prazer. O que falta para você ser feliz?"

Federico: "Eu gostaria de poder falar e comunicar tudo que tenho dentro de mim. É duro não poder falar. Também gostaria de aprender a fazer sozinho o que todos fazem. Gostaria de encontrar uma garota que seja autista como eu para que pudéssemos nos entender sem falar."

"Você conhece muito bem as suas limitações (talvez até mais do que nós conhecemos as nossas), acha que encontrar um ambiente seu (trabalho, esportes, amigos) pode fazer com que supere certos obstáculos? Já fez experiências similares?"

"Para nós, garotos com limitações, tudo que nos aproximar da normalidade, a ter experiências de vida normal, que a nossa limitação nos nega, será bom. O gueto, não. Se as pessoas me amam como sou, no meu coração nasce a esperança, se ninguém me ama, sinto que jamais poderei ter uma vida normal. A esperança é um futuro viável. Só você pode acender a esperança no coração dos outros. Ninguém pode acender a própria."

"Pode dizer-me como iniciou seu caminho como cristão? Muitos como você nem querem ouvir falar de Deus..."

"Eu via meus irmãos e meus pais e desejava seguir o mesmo caminho para aprender a amar. Como transmitir a fé? Amando, e Deus vai fazer o resto. Eu acho que não é sua tarefa acender a fé. Jesus está no céu, mas aqui embaixo deixou Miriam. Você pode ser o seu amor e os seus braços."

"Você fala de desejo e de normalidade, a sua aspiração é, pois, sentir-se parte do mundo? Você se sente excluído ou não?"

"Eu me sinto excluído muito concretamente porque não consigo falar, nem organizar um passeio com os amigos, e muitas outras coisas. Mas melhoro a cada dia se alguém me ama. Até falar com você é vencer o autismo."

"Você se sente um peso para os outros?"

"Humanamente sim, mas na visão de Deus eu sou uma dádiva. Espero ter sido também para você. Você certamente o foi para mim."

Depois foi a vez de Chiara e Federica.

Federica: "Nós queremos dizer-lhe que ficamos impressionadas pela profundidade de suas perguntas de ontem. Não sabíamos que um garoto autista, ainda que não se comunique bem oralmente, pudesse transmitir tanto de modo tão claro e interessante."

Federico: "Fico feliz. Eu quero que a Igreja seja a casa onde todos os excluídos do mundo sejam acolhidos e se tornem protagonistas. Loucos, aleijados deformados, cegos, pobres, estrangeiros. Todos brancos e belos é o partido nazista."

Federica: "Você gostou de Bose? O que o impressiona neste lugar e nestas pessoas? Por que decidiu vir aqui?"

Federico: "Eu gostei daqui. Fico feliz por vocês quererem falar comigo. Vim para ficar com os meus amigos e encontrei a paz, a inclusão e a relação com Deus. Deus é semelhante a mim porque não fala. Com ele a gente dialoga através dos sentimentos do coração".

Federica: "O que faz você sentir raiva das pessoas e o que o encanta nelas?"

Federico: "Eu fico com raiva quando me tratam como um deficiente bobo. Fico encantado quando me tratam como igual porque aí percebo que posso vencer e ter uma vida de verdade."

Voltei à Comunidade Monástica de Bose, a cavalo, entre o fim de 2013 e o começo de 2014, com meu pai e os meus amigos Valentina e Gabriele, para participar do congresso dos jovens "Inventar o futuro". Esta foi a minha principal contribuição para a reunião.

Acho que a mais potente fonte geradora de futuro seja aprender com Deus a amar. Quem não ama tem relações estéreis, poucas e improdutivas, e leva uma vida substancialmente invariável, quase ausente de si mesma. Quem ama, e amar é a concretude do servir, abre-se continuamente a novas oportunidades.

Eu vivenciei isso na minha vida. Muitos autistas passam a vida fechados sozinhos numa sala, sem fazer nada. O amor a meu redor me fez descobrir que eu poderia escrever, que acreditava em Deus, que eu também poderia frequentar uma paróquia. Os meus textos agradaram e pude conhecer pessoas que me fizeram conhecer outras pessoas, até chegar aqui e viver esta experiência com vocês, até começar a escrever um livro.

O sentido? Em cada etapa o amor relança e de relações fecundas nascem outras relações fecundas, de oportunidades nascem oportunidades. Se deixarmos de amar, a vida para e se petrifica, mas, se continuamos a amar, estamos só no começo. Cada um de nós, quando começa a amar e não desiste, está somente no início uma vida densa de surpreendentes oportunidades. Único senão? As coisas não acontecem como nós esperávamos, mas muito, muito melhor, somente em outras direções, com certeza totalmente inesperadas.

Sobre a importância do perdão na própria vida.

Jesus oferece o perdão, a adúltera o recebe, mas poderia também não o fazer e prosseguir traindo o marido. Acho que nós sempre devemos oferecer o perdão. Um perdão que se cumpre no meu coração porque eu o ofereço. O que fará o outro é sua escolha. Defesa do mal e oferta do perdão podem sempre coexistir.

Foi-me pedido que escrevesse um pensamento final para concluir a última noite e idealmente a semana que passamos juntos.

Caras amigas e caros amigos,
Eu estou feliz. Feliz apesar da longa viagem de Roma que deverei refazer amanhã, apesar do esforço autista de ficar quieto escutando uma pessoa que fala, apesar das divergências teológicas com os monges, visto que eu acredito na macarronada e eles na sopa.
Acima de tudo, feliz de ter vivido, normalmente, uma experiência com outros jovens. Para vocês deve ser normal, mas, para mim, autista, esta é uma grande conquista. Feliz de tê-los conhecido, feliz que muitos de vocês, através de mim, tenham podido conhecer o mundo do autismo. Feliz que, juntos, pudemos experimentar uma bela e forte integração de uma pessoa com um grave distúrbio, isto é, eu. Feliz de ter rezado muito e de ter sentido Deus tão perto. Feliz de ter dado uma contribuição com as minhas reflexões autistas que, para mim, parecem tão óbvias, mas vejo, ao contrário, que vocês as apreciaram vivamente.
O que dizer, então, para concluir e partir amanhã com uma ideia nova? Eis a minha proposta: o amor ou é voltado para todos ou não é amor. Se o meu amor envolver toda a humanidade menos uma única pessoa, não será amor, é buscar algo que é útil para o meu equilíbrio psíquico ou existencial. Não estou amando, estou me

defendendo. Portanto, de amanhã em diante, proponho que amemos a todos os que encontrarmos, sem excluir ninguém, nem os ciganos, nem os vagabundos que fedem, nem as pessoas com deficiências inquietantes e difíceis como eu.

Aos torcedores do Milan, peço que amem os do Inter e vice-versa.

Quero dizer mais. Vão para onde a humanidade dá mais nojo e, com as devidas precauções, amem e sirvam mais. Façam dos antipáticos a balança para medir o seu amor.

Eu, que tantas vezes fui considerado bobo, louco, digno de pena, posso lhes dizer que não imaginam o alívio que se experimenta quando se recebe um pequeno gesto de aceitação.

Espero que encontrem um tesouro no interior de cada marginalizado que acolham.

Obrigado por todo o amor que sentiram por mim. Fiquei ainda mais convencido de que eu também tenho um papel a desempenhar neste mundo. O amor de vocês ampliou um pouco o meu futuro.

Espero que ter me conhecido tenha ampliado um pouco de cada um de vocês.

Chegamos aqui como muitos grãos de areia, secos e cada um sozinho em si mesmo. Em cinco dias, nós nos moemos juntos e agora somos um só pão existencial. É impossível não sentir a união e alegria entre nós. Construímos um pedaço do paraíso em que habitaremos para sempre. É hora de soltar as últimas amarras, as últimas hesitações. Navegar a vida só para amar.

Viver com sabedoria

A minha primeira reflexão religiosa, articulada e sobre um único tema.

A Sabedoria é o olhar de Deus sobre o mundo, as coisas e as pessoas.

Deus observa continuamente, com um olhar amoroso, e o seu supremo amor faz com que veja coisas diversas, embora veja o mesmo que nós.

Diante do paralítico do Evangelho, nós vemos um doente que precisa de cuidado. Jesus, no entanto, o olha e diz: "Foram perdoados os teus pecados". Creio que Jesus veja uma enfermidade da alma muito mais intensa e triste do que a enfermidade do corpo.

A diferença entre o olhar do homem e o de Deus é evidente. O homem é prisioneiro da subjetividade. Olha do próprio ponto de vista, tanto no sentido físico de olhar partindo de um ponto, o dos próprios olhos, quanto no sentido existencial, ou seja, partindo da própria bagagem de experiências que enriquece a avaliação daquilo que se olha, mas que também a limita.

Acho que Deus nos olha com um olhar que prescinde de si mesmo, também de um si que coincide com o Ser, próprio de Deus. Creio que o olhar de Deus seja totalmente desprovido, livre da dimensão do si observante e totalmente compreendido pelo observado, ou seja, o amado.

Em minha opinião, o observar e o amar coincidem em Deus, e o observar não é nunca em relação a si, diria que é um olhar avaliador, mas sempre de total promoção do outro.

Acho que, a despeito de toda a nossa ciência, Deus seja o único a ver a realidade como ela é, sem limitar drasticamente a própria visão com aquela forma de projeção do si observante sobre o observado, que é própria do homem.

Os efeitos da visão de Deus são a doação da vida ao que olha, como acontece na primeira Criação e, depois, na história da salvação. Não nos devemos deixar condicionar pelo pensamento ocidental e imaginar a Sabedoria como um conhecimento supremo, como um olhar humano desprovido de erros ou limitações. O ser humano, que por um instante, abrindo-se totalmente a Deus, recebe uma migalha de Sabedoria, se torna capaz de fazer florescer coisas e pessoas que tenha diante de si.

Como, então, reconhecer um humano sábio? Logo que chega, olha, fala e age, toda pessoa se sente compreendida, até mesmo as pessoas antiéticas, como o lógico e o indutivo sentem-se ambos compreendidos. Cria-se uma situação em que cada um se sente promovido e valorizado e desaparece o conceito de massa.

Em toda pessoa presente tendem a diminuir os defeitos e a crescer o desejo de funcionar para o bem, porque o sábio, no próprio olhar não projeta a si mesmo, mas, livre de si, olha as coisas e as pessoas e pode, portanto, ver o que de bom já se estão tornando e se predispõe a promover o crescimento do bem.

Ao contrário, a pessoa desprovida de Sabedoria desejaria modelar o mundo inteiro à própria imagem, primeiro na fase de avaliação e, depois, na de ação. Em seu egocentrismo não percebe que a infinita riqueza e variedade do universo não pode ser reconduzida à limitação de um ser humano.

Todos os grandes da história da humanidade podem ser reunidos pelo conceito de ir além de si mesmo, da própria cultura, quase se esquecendo de si mesmo.

Em resumo, portanto, o sábio é aquela pessoa que evita a armadilha, a ilusão ótica do egocentrismo, e inicia o longo e difícil caminho da superação da centralidade da própria pessoa para desenvolver progressivamente uma visão de amor completamente compreendida pela realidade amada.

Acho que é isso que fazia com que São Francisco dissesse: "irmão sol e irmã lua". Não são mais astros que a minha mente pode estudar, impondo assim a implícita superioridade da mente observante (ativa) sobre o objeto observado (passivo), mas são para ele todos completamente amados. Quase não mais eu que amo, mas um eu superado pela projeção do amor. O amor, pois, gera a fraternidade e não pode limitar-se às pessoas, mas transborda irresistivelmente para toda dimensão do criado.

O ponto de chegada do caminho do sábio é conseguir a liberdade do mais feroz dos carcereiros – o meu eu – para se tornar a nova realidade da dádiva total e universal. Chegar, como São Francisco, a chamar a própria morte de irmã é um ápice da luz. Livre do instinto de sobrevivência, da própria corporeidade, da matéria. Livre. Depois, todas essas coisas podem voltar, mas transformadas, não mais como limites, mas como oportunidades concretas.

Permanece uma última pergunta. Como adquirir essa Sabedoria?

O primeiro passo, em minha opinião, é amadurecer a convicção de que o caminho de toda pessoa é a superação dos limites da própria individualidade autocêntrica. Depois, voltar-se para Deus e pedir a essa Sabedoria que ordene as coisas, pessoas e situações da nossa vida para amadurecê-la. E, enfim, desejá-la, desejar ver como o próprio Deus, o Amor, vê.

A Sabedoria é o próprio olhar de Deus, que faz renascer a vida naquilo que observa. O discernimento intelectual certo é apenas sua consequência lógica.

A dor do ser humano em duas frases de Jesus crucificado

"Meu Deus, meu Deus, por que me abandonaste?"
(Marcos 15,34).

"Pai, em tuas mãos deponho o meu espírito"
(Lucas 23,46).

Se olharmos o mundo animal, podemos constatar que os mamíferos mais evoluídos, como os primatas, se assemelham em muitas coisas, enquanto em muitas outras somos radicalmente diferentes.

Entre as coisas que parecem diferenciar o ser humano de qualquer outro ser vivo, me parece evidente a tendência de nós, humanos, incorrermos nas variadas formas de dor interior. É claro que não podemos estar no coração dos animais para ter certeza de suas emoções, mas, ao observá-los, tem-se a impressão de serem muito mais inclinados do que nós a levar a vida como ela se apresenta, com pouco entusiasmo ou drama, e a percorrê-la atravessando o longo percurso de uma ferrovia, cujos trilhos são o instinto de sobrevivência e o de reprodução.

Em comparação com a linearidade deles, nós, humanos, parecemos dramaticamente sobrecarregados por uma série de necessidades profundas, poderosas, inevitáveis. Desejamos, por exemplo, uma glória plena, total; perseguimos uma felicidade absoluta que somente em raros momentos da vida se deixa alcançar, para escapar um instante depois. Desejamos amar com loucura e assim também ser amados. Queremos que nos seja reconhecido um papel único, todo nosso, e que possamos realizar feitos que permaneçam depois da nossa morte, demonstrando assim um horizonte emocional curiosamente mais longo do que o biológico.

Poderia prosseguir com outros exemplos, mas não creio que acrescentaria muita coisa.

O ser humano é um mamífero estranho: administrou o sentido de sobrevivência até redobrar a duração média da vida, e o de reprodução até povoar toda a terra, a ponto de ameaçar os recursos naturais. Com este imenso sucesso biológico, o ser humano, porém, parece o ser vivo com maior inclinação à recorrente infelicidade interior.

Portanto, existe um mistério no coração do ser humano que espera ser investigado.

O Gênesis diz que o homem foi criado à imagem e semelhança de Deus (1,26). A Bíblia indica as várias eras de desenvolvimento do nosso planeta, e depois da vida no planeta, sob a metáfora dos seis dias de trabalho de Deus, que orientou, seguiu e conduziu com amor os processos em operação. Gosto de pensar que, se "Deus é amor" (1 João 4,8), o seu trabalho seja amar, isto é, cuidar do mundo e da vida sobre a terra.

Acho que Deus interveio num momento crucial, o do surgimento da espécie humana, e, com o que a Bíblia descreve como um sopro dirigido ao ser humano (Gênesis 2,7), doou-nos a dimensão superior de ser, à sua imagem e semelhante a ele.

O hálito de vida que Deus "soprou" em nós, no nosso ser terreno, é a nossa vida espiritual, vida verdadeira e eterna, não mais sujeita às leis da matéria viva, das quais a última e definitiva é a morte.

Mas, ao nos dar este hálito de vida eterna, que nos faz a imagem de Deus, o próprio Deus faz de cada um de nós um seu interlocutor relacional, privilegiado no amplo âmbito da Criação.

Se Deus, em seu Amor, cria o homem à sua imagem, um "você", um seu interlocutor relacional, vinculando-se por amor a uma necessidade de relacionamento com o homem, buscado ao longo de toda a história da salvação, com aquele sopro de vida eterna o homem se torna, por sua vez, profundamente necessitado da relação com Deus. Todas as profundas necessidades do ser humano, das quais falamos inicialmente, não são outra coisa senão os reflexos e os ecos de uma necessidade de relação com Deus.

Quando estivermos em Deus, o seu infinito amor nos dará a felicidade plena a que aspiramos, apagará o nosso desejo de amar e de ser amado, valorizando infinitamente a unicidade de cada um de nós.

As nossas necessidades profundas são, pois, uma espécie de "nostalgia preventiva" de um céu que ainda não alcançamos, mas para o qual fomos criados.

Aqui, porém, está em jogo um dos maiores mistérios, o do mal, capaz de ofuscar o nosso olhar com a tentação, uma espécie de ilusão de ótica espiritual que nos faz intuir um bem onde este não existe.

Adão, símbolo de cada um de nós, decidiu alimentar-se do conhecimento do bem e do mal, dando as costas à relação com Deus. Em vez de perguntar a Deus o porquê da proibição, operando no âmbito da relação homem-Deus, decidiu sozinho, afirmando a si mesmo.

E esta história de dor se repete todo dia.

Muitos seres humanos, colocando-se no centro do universo, vivem a ilusão de ótica existencial de poder satisfazer as próprias necessidades profundas buscando o poder ou o sucesso e relegando-se assim a uma condição perene de insatisfação profunda. Cada um dos sete pecados capitais, portanto, é um caminho de perdição, e quem o percorre constrói o próprio inferno já nesta vida.

Mas, se evitarmos o mal, isso pode não ser suficiente. Muitas pessoas boas possuem um horizonte apenas terreno e pensam conseguir atingir a felicidade plena perseguindo um amor deste mesmo plano, dando as costas a Deus. Não há lugar para Deus na vida deles, porque pensam que um amor conjugal, familiar, a dedicação aos filhos ou uma bela e nobre profissão os fará felizes.

Como o filho pródigo do Evangelho, pedem a Deus Pai a parte deles da herança, ou seja, a própria vida terrena para ir vivê-la longe de Deus. Também essas pessoas estão se dirigindo para uma forma de perdição, por dois motivos. O primeiro é que quase ninguém consegue obter o que quer, e, muitas vezes, quem consegue, mais tarde percebe que é muito diferente do que esperava. O segundo motivo é que, se as nossas necessidades profundas são necessidades de relação com Deus, nada neste mundo pode satisfazê-las plenamente e, enquanto a vida flui e tudo passa, no fim, ou se encontra com Deus ou se encontra com nada. Ter um horizonte de realização limitado a esta vida quer dizer viver um tempo que todo dia se encurta e no fim da vida, na velhice avançada, não sobra mais nada.

O sentido mais profundo da existência humana é a busca da relação com Deus, tão difícil de encontrar, mas indispensável para cada um de nós devido àquele chamado irrefreável que sentimos interiormente para não terminar a nossa vida no pó e no nada.

A mais bela expressão do sofrimento humano, a mais clara e nítida, é Jesus que grita o seu abandono pelo Pai, pouco antes de morrer. A encarnação do Verbo atinge o seu ápice e cumprimento.

Embora não tendo jamais pecado, como todo ser humano Jesus experimenta a dor profunda de não poder sentir-se, naquele momento, em plena e total comunhão com Deus Pai. Jesus foi o único homem a compreender a própria dor que, para todos, no fundo, é não conseguir perceber o abraço amoroso de Deus, ser aquela ovelhinha desgarrada que Deus vai procurar e carrega nos ombros para levá-la de volta para casa, ou seja, para o interior da relação trinitária do amor de Deus, única dimensão que é verdadeiramente um lar para cada ser humano.

Reconhecido o sofrimento por aquilo que realmente é, Jesus faz a única coisa a fazer, ou seja, entrega o próprio espírito nas mãos do Pai, consciente de que todo o mal e todo o bem deste mundo não podem ser a resposta.

Então, o que fazer?

Nós todos somos o filho pródigo. Todos nós colocamos em primeiro lugar na nossa vida algo de bom ou de mal que não é Deus. Não desperdicemos mais nossa vida indo atrás de ilusões. Vamos nos convencer de que somente a busca de Deus pode nos fazer felizes na vida e, depois, deixemos que seja ele a por em ordem todas as tarefas, amores, prazeres de nossa vida. Ele sabe fazê-lo, nós não.

E quando chegar o sofrimento, confiemos a nossa alma nas mãos amorosas do Pai.

Maria, a mãe dos seres humanos, nós, filhos de Maria

"Mulher, eis teu filho" [...] "Eis tua mãe!"
(João 19,26-27)

À minha querida amiga Elisabetta.

Gosto de pensar que nós não podemos ver Deus, devido a um preciso ato de amor.

Deus nos deu a vida e o mundo no qual vivê-la e, depois, se escondeu de nossos olhos, de forma que quem o deseja possa viver também a vida inteira convencido de ignorá-lo.

O supremo amor de Deus só podia desejar a nossa total liberdade de tudo, também dele e de seu amor.

Gostaria de dizer que isso ainda vai além. Quando um ser humano começa a buscá-lo, Deus geralmente parece quase titubeante para se manifestar naquele coração. A busca da relação com Deus na prece, nos sacramentos, na comunidade eclesial exige tempo e perseverança para que Deus comece também a se manifestar. Em minha opinião, ele quer estar certo de que nós o queremos presente em nossa vida e espera que as nossas primeiras afirmações sejam confirmadas no tempo.

Creio que se poderia, pois, falar de uma amorosa reserva de Deus, pelo seu supremo amor por nossa liberdade. Ele nos segue sempre amoroso com o seu olhar e espera que a convicção de nossos anseios por ele rasgue, até com força, esse véu de reserva. Amar a Deus não pode ser um passatempo. Em minha opinião, ele espera ser buscado com todo o coração, com vigor, até mesmo com a raiva de um amor desiludido pela espera, sobre o qual às vezes lemos na Bíblia.

Esta delicadeza infinita, quase reserva de Deus, creio ser a condição certa de partida para iniciar a refletir sobre Maria.

O mundo estava na dor do pecado, e quando Deus quis transformá-lo novamente no mundo que ele mesmo tinha criado, mas também doado aos homens, decidiu coerentemente com o seu amor pedir autorização.

Coerentemente com a sua visão do amor, pediu permissão não aos maiorais do mundo, mas à criatura humana mais humilde, uma moça da realidade rural mais periférica e insignificante aos olhos dos homens.

Ele preparou adequadamente essa criatura, Maria, com um dom único e exclusivo em toda a história da humanidade, ou seja, a Imaculada Concepção.

Para tentar entrar no mistério desse dogma, eu diria que toda a matéria do universo se submete a uma imensa lei de degradação e contínua transformação. O universo não encontra paz, parece em perene caminho e não há espaço na matéria para o ser porque tudo é atropelado pelo eterno devir. Nós, seres vivos feitos de matéria, não podemos sobreviver nesse tumultuoso vir-a-ser sem o instinto de sobrevivência para a defesa do indivíduo e o de reprodução para a defesa da espécie.

Devido a esses instintos esculpidos profundamente na nossa carne, a matéria que existe em nós grita "Eu primeiro!", "Eu no centro!" e esses impulsos profundos estão tendencialmente em contraste com o amor que é essencialmente adorar a Deus e servir os irmãos.

Por isso, mesmo que digamos o nosso sim a Deus, não somos capazes de ser sempre e completamente fiéis a esse sim porque a matéria da qual somos feitos nos impulsiona para uma direção diferente, se não oposta. Ao contrário, acho que o corpo e a alma de Maria tiveram de Deus o dom da verdadeira liberdade. Como nós, Maria teve liberdade de escolha entre a centralidade de Deus Amor na própria vida e a centralidade do próprio eu. Diversamente de nós, ela teve a possibilidade de ser sempre fiel ao seu sim a Deus, em cada momento da sua vida.

Gosto da hipótese de que o corpo de Maria, assunto ao céu, seja desde o nascimento como os nossos corpos serão no dia de nossa ressurreição.

Quando a força imanente do vir-a-ser da matéria atingir a sua meta, o devir dará lugar ao ser perene, não haverá mais degradação nem morte, e nós humanos não estaremos mais submetidos às forças defensivas do nosso egocentrismo biológico. Ressuscitados, seremos capazes de um sim a Deus fiel para sempre. A nossa ressurreição será também a nossa imaculada concepção. Eu penso, por isso, que Maria foi assunta ao céu porque não tinha necessidade de depositar na morte a natureza humana e ressurgir transformada e liberada do egocentrismo tendencial da carne.

Gosto de pensar que se Jesus é o guia de nós cristãos, o primeiro a ressuscitar da morte, Deus, todavia, concedeu a Maria ser a primeira criatura daquela humanidade renascida que habitará com Deus nos novos céus e numa nova terra, quando ocorrer o fim dos tempos.

Mas voltemos agora para a história terrena desta moça, Maria, depois de refletir sobre sua unicidade.

Maria tinha um projeto de vida muito sólido e eficaz. Casar-se com um homem bom e de fé, José, cuidar de uma casa, ver crescer os filhos. Na Anunciação, no entanto, Deus lhe propõe um plano humanamente inquietante: ficar grávida sem ter marido e nem mesmo um companheiro. Na sociedade da época isso incluía o risco muito concreto de ser exilada às margens da sociedade e, talvez, até apedrejada.

Mas Maria sabe que os caminhos de Deus não são os nossos. Não conhece profundamente o plano de Deus, que se manifestará depois em sua vida, mas confia nele.

Diz o seu sim ao anjo enviado por Deus, definindo-se serva de Deus e declarando: "Seja feito de mim segundo a tua palavra". Eis, pois, um primeiro modo para ser seguidor de Maria. Renovar todo dia o nosso sim a Deus e dizer, nós também, que "seja feito de mim segundo a tua palavra", ou seja, de acordo com o Evangelho, que é a proposta de Deus para a vida terrena de cada um de nós. E se na nossa vida temos projetos, talvez parcialmente já realizados, estar disponível para que tudo seja renovado, iluminado, modificado pelo Evangelho. É o que pedimos no Pai-Nosso, quando dizemos "santificado seja o vosso nome", que quer dizer, em minha opinião, ter Deus como a dimensão mais santa e importante da nossa vida, capaz de iluminar todo o resto do que somos e fazemos.

Deus responde ao sim pleno, total, potente de Maria com a lógica evangélica do cêntuplo e faz literalmente vibrar o coração de Maria na explosão do Magnificat, suprema alegria, transbordante louvor a Deus e auge de profecia. No Magnificat, podemos ter uma antecipação do que Deus poderia fazer do nosso coração e da nossa vida diante de um sim nosso verdadeiramente pleno, sem zonas de sombra, sem reservas.

Gostaria agora de falar do relacionamento entre Jesus e Maria, como nos é narrado pelos Evangelhos, que à primeira vista pode parecer surpreendente pela extrema dureza com que Jesus trata sua mãe. Com doze anos de idade, Jesus foge da família, fica com os mestres do templo e obriga seus pais a três dias de angustiante busca, que ecoam nas palavras de Maria: "Filho, por que agiste assim conosco? Olha, teu pai e eu estávamos, angustiados, à tua procura!".

Também nas núpcias de Caná, responde de maneira inesperadamente dura à Maria, que lhe pede que faça alguma coisa pelos cônjuges, pois não há mais vinho.

Mas a atitude mais dura de Jesus em relação a Maria, em minha opinião, é quando, durante um de seus diálogos com a multidão, alguém o faz notar que sua mãe e seus parentes procuram por ele, presumindo que eles devam ter primazia com relação a uma multidão de desconhecidos. A resposta de Jesus me parece de uma dureza emocional impressionante. Como numa terrível sequência de diretos numa luta, Jesus primeiro nega a seus familiares qualquer primazia, mesmo que apenas afetiva, dizendo: "Quem são minha mãe e meus irmãos?". Em seguida, como se não bastasse, atribui este papel a todos aqueles que fazem a vontade de Deus. Num só instante, Maria perde aquilo em nome do que doou toda a sua vida.

O fio condutor que une estes eventos, em minha opinião, é o constante convite de Jesus à Maria para que perca também os dons especialíssimos que recebeu de Deus, para ser sempre e somente amor, sempre e só dom de si.

E o auge desse dom é atingido na cruz, quando Jesus está morrendo e pede à Maria que se torne mãe de toda a humanidade, dizendo "Mulher, eis teu filho", indicando João. Contextualmente, em João ele convida todos a terem Maria como mãe.

Gostaria de escrever uma última coisa antes de concluir. Como podemos seguir o exemplo de Maria em doar Jesus ao mundo?

Uma frase de Jesus me parece determinante: "Onde dois ou três estiverem reunidos em meu nome, eu estou ali, no meio deles".

"Onde dois ou três" me parece se referir verdadeiramente a todas as situações da vida em que os seres humanos possam se conceber como coletividade, até uma família, uma amizade, colegas de trabalho.

Essa coletividade de humanos pode reunir-se em nome de Jesus, em minha opinião, somente se encarnar o amor recíproco que é a mensagem ao mundo pelo qual Jesus doou sua vida.

A essas pessoas, que eu não teria medo de definir como bem-aventuradas, que concebem o seu sentir-se junto apenas tendo como base o amor recíproco que se concretiza na humildade de servir ao outro, como quando Jesus lava os pés de seus apóstolos, a essas pessoas Jesus fez uma promessa maravilhosa.

E ele não disse "eu estou com eles", que já seria muito, mas sim "eu estou ali, no meio deles". E o que existe no meio daqueles que estão juntos somente e apenas pelo amor recíproco, se não exatamente o amor recíproco?

E isso não é, talvez, uma grandiosa revolução?

Os filósofos do passado pensaram Deus como o ser supremo; algumas crenças religiosas, só como uma pessoa divina. Nós acreditamos que Deus seja não só pessoa, mas também uma relação de amor tão forte que faz das três pessoas da Trindade um único Deus.

E, então, podemos imitar Maria, não nos limitando a amar os nossos irmãos e irmãs, mas tendo como meta construir relações de caridade recíproca com os outros e, depois, defender este amor mútuo a qualquer custo.

Acho que quem contribui para criar e manter relações de amor concreto recíproco, misteriosamente, torna possível a presença de Deus no mundo, prosseguindo e atualizando a missão de Maria. Mas é necessário, porém, que o nosso estar juntos não tenha outro objetivo a não ser louvar a Deus e amar os irmãos servindo-os, porque muitos outros objetivos e significados egocêntricos podem se esconder dentro de nós.

Por isso, devemos pedir ajuda a Jesus, confiar nele e crer firmemente que sem ele nada podemos fazer. É Jesus o caminho que devemos percorrer, caminho que Maria nos deu e sempre nos indica.

A Igreja em poucas palavras
Uma reflexão sobre a Igreja

Acho que a Igreja pode ser definida de várias maneiras, mas nenhuma delas pode conter toda a natureza e significado. A Igreja é obra de Deus e é, portanto, o maior dos horizontes humanos do conhecimento e da palavra. Creio que devemos nos abandonar, aceitando uma cota de mistério, mesmo que isso seja difícil. O nosso ateísmo de ocidentais pode se aninhar também no amar o conhecimento de Deus mais do que o próprio Deus.

Isto posto, se quisermos pensar a Igreja como a comunidade de pessoas que seguem Jesus, então a Igreja faz o mesmo caminho de Jesus, embora entre atrocidades e santidades próprias da natureza humana.

Este Francisco me parece o Papa do perder. Perder a glória do papel, a importância de si mesmo, tornar-se um homem simples e humilde. Parece-me que cede autoridade para procurar a credibilidade que só Deus pode dar. Outro passo para o ponto da chegada, que será perder toda a certeza humana, todo o poder do mundo, para confiar somente em Deus.

Agradecimentos

Desejo dedicar este livro sobre o meu autismo a todas as pessoas que, desde a minha primeira infância, me ajudaram realizando um esforço árduo e quase sempre carente de satisfação.

Este meu livro, que me doou a palavra que oralmente não possuo, este sonho que se realizou, dedico em primeiro lugar à minha mãe, que luta por mim sem descanso há vinte anos, e a meu pai, que desde sempre me apoia e me ajuda em todas as minhas atividades, construindo em mim a confiança que tornou possível este meu empreendimento.

Dedico-o também a meus irmãos Leonardo e Arianna, pela presença que jamais me deixa sozinho; à tia Lia, que tanto me ajudou nos estudos; e também ao tio Lucio, que tanto fez para que eu relaxasse em seu místico barco.

Também o dedico à lembrança de minhas duas avós, Donatella e Maria, que tanto me amaram e ajudaram quando eu era pequeno, e aos avôs Vincenzo e Giovanni.

Além disso, dedico-o a Patrizia, do jardim da infância; aos professores da Escola Primária, Ermanno, Onia e Donatella e a Dino, que nas longas tardes juntos me levava a explorar a cidade. Dedico-o às doutoras Flavia e Lucilla, que cuidaram de mim, a Marzia e Margherita, que desde pequeno me ajudaram a estudar.

Também o dedico aos meus fantásticos amigos, aos meus colegas de classe no Liceu Nomentano, aos garotos e garotas da preparação para a Crisma, da minha paróquia San Frumenzio, e aos meus queridos amigos da residência universitária de Vila Nazareth.

Quer ser também um presente para Federica, que desempenhou um papel fundamental para os meus estudos durante a Escola Secundária de Segundo Grau, além de Marina, que me acompanhou por cinco anos, Iolanda, minha professora de italiano, e todos aqueles que me ajudaram a estudar em casa, como Matteo, Giacomo, Marika e Alfredo, que me ajudava a descarregar as minhas tensões na academia.

Por último, este livro também é dedicado a Francesca, que colocou as bases e acompanhou durante anos os meus textos no computador, abrindo as portas para esta minha obra.

Dedico meu livro a todos vocês, inclusive aos muitos que não posso citar por falta de espaço, porque é exatamente graças a seu trabalho, muitas vezes obscuro e cansativo, que eu pude amadurecer as capacidades que me permitiram escrever este livro.

Tendo-o nas mãos, pensem que é também fruto do trabalho de vocês e que, se não existissem, talvez eu hoje vivesse isolado numa sala, sem nenhum contato com a realidade, como, infelizmente, acontece com muitos autistas.

Espero que gostem deste livro. É o meu jeito de agradecê-los.

Vocês salvaram a minha vida e eu, muito simplesmente, gosto muito de vocês.

Federico

PARA SABER MAIS

O livro apresenta, de forma cuidadosa e acessível, um quadro bastante completo do autismo, com as últimas descobertas e testes aplicados à diagnose, as possíveis causas, os principais avanços nos cuidados psicoterapêuticos e as teorias acerca de aquisição de conhecimento e comunicação em indivíduos autistas. Mostra como programas psicoeducativos, quando envolvem especialistas, familiares e educadores, conseguem resultados positivos, especialmente o autocontrole e a independência.

O autor expõe, de forma bastante eficiente, as informações essenciais sobre o autismo infantil em um amplo panorama: a evolução e as diversas correntes de estudos; os métodos de avaliação e diagnóstico; as formas de tratamento, que aliam medidas educativas, pedagógicas e terapêuticas. Traz importantes contribuições acerca do comportamento dos responsáveis pelos cuidados das crianças e também aborda a questão do autismo na adolescência e na vida adulta. Lembra, ainda, da importância de reconhecer o autista como sujeito, digno de ser respeitado em suas diferenças e de ter assegurados os meios que permitam uma autêntica comunicação e convivência com as outras pessoas.

Rua Dona Inácia Uchoa, 62
04110-020 – São Paulo – SP (Brasil)
Tel.: (11) 2125-3500
paulinas.com.br – editora@paulinas.com.br
Telemarketing e SAC: 0800-7010081